Colección
EMPRENDIMIENTO
Y CRECIMIENTO PERSONAL

Pan House
Casa Editorial

Editorial PanHouse
www.editorialpanhouse.com

Edición general:
Jonathan Somoza
Gerencia general:
Paola Morales
Gerencia editorial:
Barbara Carballo
Coordinación editorial:
Bárbara Daniela Peña
Edición de estilo:
Francis Machado
Corrección editorial:
María Gutiérrez
Corrección ortotipográfica:
Rosa Raydán
Fotografía:
Leslie Levine (@leslielevinestudio)
Diseño, portada y diagramación:
Audra Ramones

ISBN: 978-980-437-236-0
Depósito legal: DC2023000680

YANINA ZAPPINO

TRIPLE M

MÁS FUERTE
MÁS EMPODERADA
MÁS VALIOSA

PanHouse

ÍNDICE

DEDICATORIA

Quiero dedicar este libro primeramente a Dios, quien me guio paso a paso en esta creación.

A mi mamá, mi abuela y mi hermana, las tres mujeres de mi vida.

A mi marido, quien nunca dejó de creer en mí.

SOBRE EL AUTOR

Yanina Zappino es empresaria, inversionista, *coach*, oradora y autora especializada en el empoderamiento de la autoestima femenina.

Ha ayudado a más de miles de mujeres de todas partes del mundo a empoderarse y recuperar su amor propio. Es fundadora de Yani Coach LLC, empresa de *coaching* y asesoría de imagen (@yani_coach).

Yanina vive en New York, Estados Unidos, con su marido y sus hijos.

INTRODUCCIÓN

Antes de que tengamos las conversaciones que van a transformar tu vida quiero darte la bienvenida a esta obra, que es tuya, que fue escrita para ti. Además, deseo felicitarte porque estás buscando un cambio y porque estás tomando acción. Estás dando un gran paso que muchas personas no han dado. ¡Enhorabuena!

Quizás hoy sientes que no estás donde imaginabas que estarías a estas alturas de tu vida, que los sueños que tienes aún no los has podido cumplir y cada día que pasa los ves más y más lejos. O quizás estás estancada en una relación tóxica, en una relación en la que no eres feliz o en un trabajo que no te gusta. Tal vez te falta seguridad en ti misma y tu autoestima está por el suelo. En realidad, no tienes cómo explicar lo que te ocurre y estás intentando hallar respuestas. Tienes una sensación de querer progresar, pero no sabes cómo hacerlo; sientes que viniste a este mundo para alcanzar más, para dar más, para ser más, pero no sabes por dónde empezar.

Si te sientes identificada con algo de lo que te estoy diciendo, definitivamente este libro es para ti. Quiero que sepas que yo también estuve ahí, tú y yo no somos diferentes. Yo no crecí en la familia perfecta, no nací en una ciudad con grandes oportunidades, en el pasado siempre fui muy insegura e introvertida, pasé por relaciones tóxicas que arruinaron por completo mi autoestima y casi anulan mi esperanza de tener una relación sana algún día.

Así que entiendo perfectamente cómo te sientes porque yo también me sentí igual; pasé por muchísimos desafíos en el transcurso de mi vida, pero aprendí a superarlos, a cambiar la realidad que no me gustaba, a tomar control de mi vida.

Emigré sola a tres países distintos, en dos de los cuales ni siquiera se habla mi lengua materna. Aprendí a mejorar y a trabajar mi autoestima, la seguridad en mí, a emprender y a empoderarme, y en este libro voy a compartir contigo, paso a paso, todo lo que apliqué a mi vida y ¡sí me funcionó!

Lo que quiero es ahorrarte tiempo y energía para que no pases toda tu vida tratando de descifrar cómo cambiar tu realidad o resolviendo ese problema que no te deja dormir por las noches. Imagínate este libro como un puente —corto—, que te ayudará a llegar a donde quieres llegar. Y créeme, no solo es posible, sino que también lo mereces.

Deseo brindarte una guía práctica que no solo podrás repasar cada vez que lo desees, sino que te puedo garantizar su efectividad porque soy resultado de ello. Luego de leer este libro vas a ser una persona distinta, vas a convertirte en la mujer de tus sueños. Yo te brindo el conocimiento, la experiencia y las herramientas, tú solo tienes que poner las ganas y la acción.

Empecemos por identificar dónde estás. Hoy quiero que le escribas una carta a tu yo actual y le cuentes cómo te sientes, qué es lo que piensas y cómo te percibes en este momento, piensa: ¿cuáles son esos desafíos o problemas que no puedes superar?, ¿en qué lugar te sientes estancada? Este es el primer paso de nuestro viaje juntas. Prométete a ti misma que volverás a leer esta carta cuando termines con este libro y esta misma será tu evidencia del crecimiento y del cambio que habrás logrado.

Ahora bien, quizás tu estado de ánimo esté por el suelo en este preciso instante y tengas miedos, inseguridades y creencias limitantes, incluso, puede que ni siquiera te des cuenta de que los estás cargando, pero ¡no te preocupes!, te aportaré ideas, conocimiento y mis propias experiencias que seguramente cambiarán el enfoque con el que has estado mirando las cosas hasta ahora.

Muchos de los comentarios que recibo en las redes sociales son:

- Para ti es fácil porque vives en Nueva York.
- Para ti es fácil porque tienes tu propio emprendimiento.
- Para ti es fácil porque eres una rubia de ojos color celeste.
- Para ti es fácil porque tienes un marido que te apoya...

Y sí. Es verdad que vivo en Nueva York, soy una empresaria rubia de ojos color celeste, además, estoy casada con un hombre honesto, fiel y maravilloso. Hoy soy una mujer segura de mí con una autoestima inquebrantable y mucho amor propio, solo que —como te dije antes—, no siempre fue así.

Nací al norte de Misiones, en un pequeño pueblito de Argentina. Vengo de una familia de inmigrantes ucranianos que tuvieron que luchar duro para sobrevivir. No nací en una cuna de oro ni tampoco en una familia perfecta. Mi papá nos abandonó a mi hermana y a mí apenas nacimos, crecimos con mi mamá y mi abuela.

El abandono de mi papá fue el primer gran golpe a mi autoestima. Con este evento, durante años me conté una historia en la que me dije que no era suficiente. Pensé por mucho tiempo que yo no tenía valor. Me castigué poniendo mi valor y mi autoestima en la decisión que tomó mi padre, creí que si ni siquiera él me había aceptado tampoco debía hacerlo yo (ni nadie). Esta experiencia tan dolorosa y el hecho de no haber podido perdonar ni sanar esa herida, me llevó a tener relaciones tóxicas y de dependencia. Y esta fue mi realidad por muchos años.

A veces pensamos que no tenemos suerte en el amor o que ese es nuestro destino, tener inseguridades o poca autoestima, pero la realidad es que mucho de lo que vivimos tiene que ver con nuestro pasado, con las creencias limitantes que nuestras propias experiencias fueron creando y nos terminan haciendo esclavas de una gran mentira.

La buena noticia es que podemos liberarnos de esa y de todas las mentiras que nos atan y alcanzar nuestra propia verdad. Para ello te propongo algo. Desde este instante solo existiremos tú y yo, sin que importe el resto del mundo, porque es a ti a quien queremos edificar y llevarte a tu mejor versión.

A partir de las siguientes páginas vamos a realizar un trabajo interno a través del cual te voy a ayudar a conocerte a profundidad. Te voy a enseñar a controlar tus pensamientos y emociones. Aprenderás a vivir en modo acción y no reacción, a ponerte como lo que eres: tu prioridad, y a darte la dirección correcta para que puedas convertirte en una mujer segura de sí misma. De esta manera podrás tomar el control de tu vida y vivir de acuerdo con tus propios términos. Ahora, solo me queda preguntarte: ¿estás preparada para conocer a tu nueva yo?

I
LA IMPORTANCIA DE CONOCERTE A TI MISMA

El conocimiento es poder.
Francis Bacon

El primer paso: conócete

Algo que aprendí y que luego me grabé profundamente en mi ser entero es que: ¡conocimiento es poder! No se puede tener poder ni control de algo que no conocemos. Pero, lamentablemente, nos pasamos la vida entera sin conocernos y sin tener claridad acerca de quiénes somos.

La mayoría de las personas hace lo fácil: mirar hacia afuera, criticar a otros, analizar a los demás, apuntar con el dedo, pero ¿quién hace lo difícil? Es mucho más simple mirar hacia afuera que hacia adentro, porque autoanalizarnos requiere mucha fortaleza y valentía.

Lo que ocurre es que le tenemos miedo a hacer introspección porque nos permite encontrarnos con nuestros propios fantasmas, nos lleva a hacerle frente a nuestras heridas del pasado, a nuestras emociones, a las cosas que tenemos que cambiar o mejorar, a nuestras debilidades y miedos, y esto no es para nada fácil, es solo para valientes.

Es más sencillo vivir en modo automático que trabajar en profundidad en nosotras mismas. Por desgracia, si no lo hacemos será imposible que vivamos en nuestro máximo potencial. Este trabajo es personal, solitario e interior. En este proceso nuestra única acompañante seremos nosotras mismas, será necesario que escapemos del ruido al que hemos estado expuestas durante años y que escuchemos finalmente esa voz a la que hemos estado evadiendo.

Es probable que ahora mismo estés viviendo en tu zona de confort, y créeme, ahí no vive la mujer de tus sueños. ¿Por qué crees que tantas personas le tienen miedo a la soledad?, ¿por qué no pueden ni quieren pasar tiempo a solas consigo mismas? Eso puede ser aterrador para muchas, por tanto, con tal de evadir la soledad terminan llenando ese espacio con lo primero que ven disponible, y difícilmente ese sea el camino a una relación sana.

El primer paso para que logres tener una relación sana con alguien más es tener una relación sana contigo misma. No puedes dar ni exigir lo que no está en ti.

Quiero decirte algo muy importante que quizás no sabes o que en el fondo sí sabes, pero no lo crees: ¡Eres increíble!, ¡tienes un poder, una luz, una fuerza que solo tú posees!, sin embargo, esto está debajo de todas esas respuestas que tienes que encontrar.

Si te conoces a la perfección adquieres poder sobre ti misma, empiezas a tomar control de tu vida, a tener dirección, claridad de quién eres y sabrás en qué cosas tienes que trabajar para sacar todo tu potencial y vas a entender que lo que tú crees que son tus límites, en realidad son solo tus miedos.

Aunque no me creas, la verdad es que tú no tienes límites, únicamente tienes temor, y esa emoción está ahí para protegerte y para que no salgas de tu zona de confort, pero tu potencial se desarrolla fuera de ese espacio. Tu mejor versión está del otro lado de tus miedos.

Cuando yo logré autoanalizarme y conocerme a profundidad, pude superar cada uno de esos miedos, que eran creencias limitantes y mentiras que me estaba diciendo, solo que para ver mi anhelado cambio antes tuve que conocerlas a la perfección.

Lo que deseo que notes es que el primer paso para todo en la vida es tener conocimiento, reconocer lo que tenemos que trabajar y cambiar. Así que, como punto de partida, me gustaría que empieces por responderte quién eres a través de una lista en la que describas:

- ¿Cuáles son tus fortalezas?
- ¿Qué aspectos de tu forma de ser y carácter te gustaría cambiar?
- ¿Qué cosas de tu aspecto físico te gustaría mejorar?
- ¿Cuáles son tus miedos e inseguridades?
- ¿Cuáles son esas preocupaciones que no te dejan dormir por las noches?
- ¿Qué piensas de ti misma?

Toma papel y lápiz y ¡empieza a escribir! Ve a lo profundo y a todas las áreas de tu ser, no te limites. Inicia por los puntos positivos, quizás tengas mucha dificultad en ver tus puntos fuertes, en reconocer tus características positivas. De modo que, si realmente no puedes llenar la lista con al menos cinco puntos fuertes, toma el teléfono y llama a las tres personas más cercanas a ti y pregúntales qué les gusta de ti. Seguramente te dirán cosas como:

- Con facilidad te pones en el lugar del otro, eres compasiva.
- Eres inteligente y trabajadora.
- Tienes una enorme sonrisa, tienes mucho brillo.
- Eres perdonadora, empática y amorosa.
- Siempre estás presta para ayudar con tus conocimientos.
- Me encanta tu energía, siempre estás haciendo algo, no paras.
- Eres muy bella tanto por fuera como por dentro.
- Tienes una gran capacidad para trabajar con niños, te hacen caso y te respetan.
- Eres una mujer de temple, lo que dices que vas a hacer lo haces.
- Me gusta tu sentido del humor.
- Eres una gran madre.
- Estás igualita que hace diez años, se ve que te cuidas mucho.
- Admiro la seriedad con la cual enfrentas las cosas de la vida.
- Tus valores son impecables.
- Eres extremadamente puntual y responsable.
- Siempre sabes hacia qué dirección apuntar en la vida…

Ahora te pregunto, con sinceridad, ¿te conocen bien?, ¿conocen aquello que te preocupa de noche, esas voces internas que te hablan de manera consciente o inconscientemente cuando estás sola?, ¿conocen tus verdaderos miedos, tus verdaderos sueños?, ¿conocen tus inseguridades?, ¿conocen aquellas cosas que nunca contarías? Nadie te conoce como tú, nadie puede ser capaz de resolver tus asuntos internos que tienes pendientes desde hace mucho. Comencemos a reflexionar, porque la reflexión trae incomodidad y la incomodidad trae cambio.

Cuando venga la hora de hablar de lo negativo puede suceder que te encuentres con una lista larga. Lo que ocurre es que estamos tan acostumbradas a hablarnos mal, a tratarnos mal, a decirnos cosas feas, tanto, que los puntos negativos los sabemos de memoria.

- No soy diestra para memorizar, se me olvidan las cosas.
- Me cuesta levantarme temprano, ojalá fuera diferente.
- Me la paso todo el tiempo metida en el teléfono, parece que tuviera poder sobre mí, no lo puedo soltar.
- Soy mala con las matemáticas.
- No me gusta mi figura.
- Soy muy temperamental.
- Me pongo nostálgica con cualquier cosa.
- No sé cuándo voy a aprender a ser menos

habladora, soy muy parlanchina.

- Soy demasiado tímida y por eso se me escapan las oportunidades.
- Me voy a volver loca con tanta indecisión.
- Me dan miedo los lugares solos, me paralizo, prefiero quedarme en casa para evitar que me vaya a pasar algo en la calle.
- Me aíslo con facilidad, a veces puedo llegar a ser muy fría con la gente y eso no me gusta, pero tampoco sé cómo remediarlo.
- Castigo a los otros con indiferencia si me han hecho algo.
- Soy muy explosiva, no sé solucionar las cosas hablando.
- Cuando emprendo algo necesito la asistencia de otros para sentirme segura.
- Todo el tiempo estoy esperando que otros me ayuden, soy una incapaz.
- Soy demasiado consentida y mi cuerpo lo sabe. Con frecuencia dejo que un malestar físico se apodere de mí para que me consientan.
- Soy muy independiente, sé que a veces necesito de otros, pero no permito que me ayuden, eso me hace ver como una persona débil.
- No me gustan mis ojos ni mi nariz.
- No me gusta la gente que no responde enseguida los mensajes.
- Me la paso tratando mi cabello con químicos

porque no me gusta mi pelo natural y después me arrepiento del daño.
- No sé tomar decisiones trascendentales.
- Pierdo demasiado el tiempo haciendo cosas que no me dan fruto.
- Por qué me tienen que doler tanto las acciones de los demás.
- Por qué no puedo superar el pasado.
- Por qué no puedo ser más alegre.
- Por qué no puedo cumplir las metas que me trazo.
- Desconfío de la gente que no es abierta.
- Soy una acomplejada, ojalá fuera más segura de mí misma.
- Solo sé hacer dos cosas en la vida, si dejo mi trabajo no sabría qué más hacer.
- No tengo suficiente conocimiento en mi área profesional, por eso no me gusta que me hagan preguntas al respecto, me puedo enredar y moriré de vergüenza si no puedo responder satisfactoriamente...

Una vez que tengas la lista de tus puntos débiles (a mí me gusta llamarlos áreas de oportunidades y te voy a explicar por qué), divídela en dos partes: cosas que puedes cambiar y cosas que no. No sé si te fijaste que en la lista anterior hay dos o tres cosas que no dependen de ti y que jamás podrías cambiar: no puedes cambiar tus ojos ni tu nariz (a menos que sea con cirugía), no puedes cambiar a la gente ni sus acciones. No gastes energía enfocándote en las actitudes y comportamientos de los demás, eso no depende de ti, lo que sí puedes cambiar es la manera en que reacciones tú, la manera como te afecta el entorno y lo que ocurre en él.

Enfócate en ti y olvídate de los límites, no los hay, puedes ser quien quieras ser, puedes cambiar casi todo de tu vida, de tu ser, pero recuerda que hay pequeñas cosas que no podrás cambiar y tendrás que aceptarlas tal como son y amarte con esas imperfecciones.

Cuando yo nací ocurrió un accidente durante el parto. Me quedé atascada y el doctor tomó la decisión de jalarme del brazo derecho. Por un lado, me salvó la vida (de lo cual estoy muy agradecida), mientras que por el otro me dañó todos los tendones y músculos del brazo derecho, haciendo que tenga un brazo menos desarrollado que el otro.

Esa discapacidad fue el segundo gran golpe a mi autoestima y me tomó años aceptarme y amarme con esa imperfección, no podía mirarme al espejo sin sentirme menos, no lograba quererme ni aceptarme tal cual soy. Pese a eso, la realidad es que esta es quien soy, esta característica que tengo no la puedo cambiar ni modificar, no puedo volver al pasado a la sala de parto y decirle al doctor que en vez de jalarme el brazo haga una cesárea. La única opción que tengo es aceptarlo y amar esa diferencia que me hace aún más única.

Cuando aprendes a amar tus imperfecciones y puntos débiles hay una gran ventaja: nadie las puede usar en tu contra, nadie puede hacerte sentir mal por ellas porque tú ya las aceptaste.

En vez de enfocarte, torturarte y odiarte por las «imperfecciones» o cosas que no puedes cambiar, tienes que enfocarte en lo que sí puedes cambiar y mejorar; esto te llevará a convertirte en tu mujer ideal. Sin embargo, si te obsesionas y te tiras para abajo con las cosas que no puedes cambiar, ni tienes control de tus pensamientos negativos, pierdes seguridad en ti y pierdes autoestima.

¿Cómo hacerlo? Enfócate en la lista de lo que sí puedes cambiar. Comienza por hacerte las preguntas correctas (para empezar a tener las respuestas correctas). ¿Cómo puedo mejorar este punto débil?, ¿qué necesito aprender para cambiarlo?, ¿qué hábitos tengo que cambiar?, ¿qué creencias tengo que eliminar?

Hay muchas personas que se excusan diciendo: «Yo soy así y listo, no puedo cambiar». Eso es una mentira que se cuentan porque no quieren hacer lo difícil: cambiar. O también porque desconocen por completo que sí lo pueden hacer.

Pero hoy ya tú lo sabes.

Te explico, aquello que creemos que no somos capaces de hacer se expresa a través del miedo y logrando vencerlo descubrimos aquello para lo que de verdad tenemos talento. Tus miedos, aunque no lo creas, son tus mayores aliados, y si sabes usarlos en vez de paralizarte te van a motivar.

«Cuando amas tus imperfecciones, nadie las puede usar en tu contra».

Ahora bien, ¿qué hago con lo que no puedo cambiar y no me gusta de mí? Te voy a ser muy sincera, no te vas a levantar un día amando esas imperfecciones, como todo, es un trabajo diario de darte amor, hablarte bonito, agradecer tus imperfecciones... ¡Sí! Agradecer, siempre hay algo por lo cual agradecer.

Es importante que crees un hábito, un ritual diario de hablarte y tratarte con amor. Yo lo hago cada día mientras me pongo crema corporal. Me hablo con amor, me digo cosas bonitas, doy gracias por mis piernas, que me ayudan a caminar; doy gracias por mis manos, que me ayudan a conectarme con el mundo y que me permiten trabajar y escribir este libro.

Cada día busco algo nuevo por lo cual estar agradecida de mi cuerpo, de mi personalidad, de quién soy. Y cada vez que lo hago, sé que me acepto un poquito más, me quiero y me admiro un poquito más. Seguramente tú también nutres tu piel a diario, y si ya tienes este hábito incorporado a tu vida lo único que tienes que hacer es agregarle otro: háblate con amor mientras lo haces.

Llegó la hora de usar tus miedos para motivarte

Por mucho tiempo yo había creído que no era buena para hablar en público. En realidad, esto era una creencia limitante que nació para aferrarse a mí como consecuencia de haberme equivocado siendo una niña en un acto escolar que provocó que los demás niños se burlaran de mí.

Pasé tanta vergüenza que para protegerme y así nunca más tener que volver a pasar por una situación igual, afirmé una de las creencias limitantes que más me perjudicó en mi vida: «No sé hablar en público».

Cargué por años con esa mentira que limitó todas las áreas de mi vida y ¡qué absurdo!, ¿no? Si lo piensas bien, solo por esa experiencia, esa insignificante y absurda experiencia, me puse la etiqueta de «incapaz para hablar en público».

Al día de hoy tengo más de dos millones de seguidores en todas mis redes sociales, subo entre cinco y seis videos a diario que a su vez estos generan aproximadamente veinte millones de vistas al mes, hago *lives* y conferencias (y puedo hacerlos sin tener una guía). Además, tengo más de cinco programas y cursos grabados, y todo gracias a que pude identificar mi creencia limitante y liberarme de ella: «No se hablar en público...». Imagínate si no hubiera podido superarla, hoy no estaría escribiendo estas líneas porque @yani_coach no existiría...

Pues bien, mi pregunta para ti es: ¿cuántas creencias limitantes te están impidiendo ser tu mejor versión y alcanzar tu máximo potencial?

Ahora, analicemos juntas lo siguiente: ¿era verdad que no sé hablar en público o era una mentira contada por años para protegerme y así no tener que pasar por la misma situación? Piensa: ¿cuántas mentiras te estás contando para no salir de tu zona de confort?, ¿para no arriesgarte?, ¿para no sufrir?

Una enemiga letal: la comparación

Antes de sumergirnos más en el tema de las creencias limitantes, quiero parar aquí un segundo para hablar de uno de los asesinos más grandes de tu potencial: ¡la comparación!

Detente ahora mismo si lo único que haces es compararte con alguien más. Hoy por hoy, con las redes sociales, los filtros y las ediciones creamos muchas veces una imagen que quizás no existe en la realidad, y no solo eso, además normalmente nos comparamos con el resultado y no con el proceso.

Si ves a una mujer con un bello cuerpo, estás viendo solo el resultado mas no el proceso, que es el trabajo y sacrificio que la llevó a tener esa figura: alimentación sana, entrenamiento en el gimnasio, el consumo frecuente de agua, cero consumo de dulces o alcohol.

Cuando empecé con mi empresa de *coaching*, al principio no te voy a negar que me intimidaba ver a *coaches* que tenían millones de seguidores, que hablaban a la cámara muy bien desenvueltos y que sabían responder de manera acertada todas las preguntas que recibían.

Obviamente, para mí, que recién empezaba en este camino, ver todo aquello me hacía sentir menos, al punto de que me parecía imposible lograr algo así. No me quedó otra cosa que trabajar en mi propio *mindset* y entendí que todos pasamos por un proceso que es diferente del resto de las personas, por tanto, es único y personal.

Ningún *coach* se levantó por la mañana, creó un perfil en Instagram, subió un *reel* y ¡boom!, dos millones de seguidores. No funciona así, hay años de sacrificio, trabajo y aprendizaje detrás de un *coach* exitoso, pero si yo hubiera dejado que me ganara la comparación, hubiera renunciado.

¿Cuántas veces por día te comparas en las redes sociales?, ¿cuántas veces por día renuncias a esa persona en la que te quieres convertir porque te sientes intimidada o te crees menos?, ¿te sientes incapaz e insuficiente? Lo que no sabes es que otras mujeres también hacen lo mismo cuando te ven, se comparan contigo. ¡Si supieras lo que piensan de ti! Admiran tu belleza, tu color de piel, tus uñas o tu sencillez, tu espontaneidad, tu fortaleza, tu carácter, tu modo de ser. Es una lástima que tal admiración está mal direccionada. Es increíble cómo podemos estar ocupadas mirándonos las unas a las otras, descuidando nuestra propia vida creyendo que las otras son mejores y anhelando ser como ellas.

Pero cuando podemos ver la belleza de la diversidad, cuando nos apreciamos por lo que somos sin compararnos con otras mujeres, cuando valoramos lo creativa que fue la genética en darnos a cada una las cualidades que nos hacen fantásticas y únicas, seremos más felices porque viviremos en paz, seremos más espléndidas porque irradiaremos la verdadera belleza, que es aquella que está escondida detrás de la seguridad que nos da el poder de la aceptación.

Una de las acciones que más me ayudaron a tener autoestima y seguridad fue dejar de compararme. Pronto entendí que para lo único que podemos mirar al costado es para que los logros de otra persona nos sirvan de impulso e inspiración. Y esto es extremadamente diferente a sentir envidia o a juzgar la vida de los demás como una competencia. Cada quien tiene su propio camino y jamás vamos a conseguir ser alguien más excepto nosotros mismos.

Si constantemente te dices: «Me gustaría ser más alegre, pero no puedo, me gustaría tener las piernas que ella tiene, me gustaría ser como ella es», únicamente te alimentarás de pensamientos negativos, y no solo eso, sino que también estarás enviando constantemente hacia afuera una energía de carencia: «Me gustaría tener lo que ella tiene» = «no lo tengo». «Me gustaría ser lo que ella es» = «no lo soy». Y esta es una de las vibraciones más bajas que existe, la carencia, el no tengo, el no soy suficiente. Recuerda, atraemos lo que somos, no lo que queremos. Si vives envuelta en esa energía baja lo único que vas a atraer son más carencias, más faltas.

En consecuencia, te invito a hacer el trabajo de eliminar ese ruido interno que no te permite avanzar y centrarte en estas tres preguntas:

- ¿Quién soy?
- ¿Dónde estoy?
- ¿Quién quiero ser?

Una vez más: no existe lo perfecto, en cambio, sí existe lo ideal. No te quedes en la mediocridad de creer que tus limitaciones no te dejarán ir más allá, hasta alcanzar un estado superior del que te encuentras ahora. Lo que debes hacer es enfocarte en eso que anhelas para encaminarte en la dirección correcta.

Lo que piensas, lo decretas

¿Tienes idea de quién es la persona con la que más conversas?, ¿quién se te viene a la mente?, ¿tu pareja?, ¿tu mamá?, ¿tu mejor amiga? Pues, nada menos que contigo misma.

Todo el día conversas contigo misma, al despertar, al bañarte, cuando vas camino al trabajo e incluso mientras miras las redes sociales. No existe nadie fuera de ti con quien dialogues más. ¿A qué quiero llegar? Lo que deseo que veas es que las palabras son mágicas —a mí me gusta pensarlo de esta manera—, tienen el poder de crear o destruir. Así de poderosas son y te regalo una verdad irrefutable: ese diálogo interno crea tu realidad.

Ocurre de esta manera: primero vienen los pensamientos (que son las palabras y las cosas que te dices), luego vienen los sentimientos (que son los que te condicionan, los que moldean tus estados de ánimo). En palabras simples, si te levantas por la mañana y piensas: «¡Qué flojera tener que ir a la oficina, quiero seguir durmiendo, está lloviendo, me siento agotada, no tengo ganas de ver hoy a mi jefe!», lo que estás haciendo es contarte una historia, y en la medida en que te la vas contando la vas creyendo, se va fortaleciendo y con ello vas creando tu propia realidad. Tu mente hace lo que tú le digas que haga, ella te obedece.

Si afirmas que tienes ganas de seguir durmiendo y que no deseas ir al trabajo, lo más probable es que te sientas supercansada y tal vez comience a atacarte un terrible dolor de cabeza. Así de poderosa es tu mente, ella hará lo posible para que tu deseo se haga realidad. Con estos pensamientos estás condicionando la manera como te vas a sentir durante todo el día. Por lo que, reflexionando en esto, no te extrañará reconocer que las mujeres con baja autoestima son aquellas que peor se hablan a sí mismas, que se dicen cosas terribles desde que se levantan hasta que se acuestan.

Imagina que tienes un *coach* que cada vez que vas al *gym* te dice: «¡Mira lo gorda que estás!», «¡No estás mejorando nada!», «¡Debería darte vergüenza!». De seguro ese entrenador va a hacer que te rindas y que no tengas ganas de volver, te va a sacar la motivación y la idea de que eres capaz de bajar de peso o mejorar tu cuerpo.

Lo increíble de todo esto es que tú eres contigo como es el entrenador que te mencioné. Me atrevo a decir que mucho peor. Si tú tienes baja autoestima, en un cien por ciento te afirmo y garantizo que abusas de ti misma. Nadie en este mundo te habla como tú lo haces, nadie te dice cosas tan feas, nadie piensa cosas horribles de ti como tú misma.

Lo que muchas personas no saben es que gran parte de lo que se dicen lo hacen de manera inconsciente, no tienen noción de la forma en la que se tratan y hablan. Por ejemplo, si tu jefe te echa del trabajo, ¿qué te dirías? Sin conocerte te puedo asegurar que algunas de las cosas serían estas: «¡Claro que me echó!, si soy una inútil, todo me sale mal, no tengo ningún talento, hay personas más capaces e inteligentes que yo».

Lo más probable es que estés afirmando que esta podría ser la manera en la que te hablas (tranquila, yo también era así), y mi pregunta es: ¿si una amiga te llama llorando porque su jefe la echó del trabajo, le dirías las mismas cosas? «¡Claro!, si eres una buena para nada, una inútil, una tonta». ¿Le dirías eso?

Lo más probable es que no. Jamás le hablarías así, por el contrario, la alentarías, la animarías, le darías halagos y mucho amor para que se sienta mejor.

Entonces, ¿por qué no puedes ser igual contigo misma?, ¿por qué con el resto del mundo eres un encanto mientras que contigo eres tu propia enemiga?

Veo con frecuencia a mujeres buscando afuera lo que no son capaces de darse; quieren a un hombre que las ame, que las respete, que las cuide, que sea romántico con ellas, pero ellas mismas no pueden ser esa persona en su vida. Y difícilmente encontraremos a alguien similar a lo que buscamos si primero no nos convertimos en esa persona. Recuerda, atraemos lo que somos, no lo que queremos. Por eso muchas mujeres terminan en una relación tóxica con un hombre que no las respeta, porque ellas mismas no se respetan.

Si te amas y te respetas, si te tratas con amor, y te puedo garantizar que te vas a dar cuenta rápidamente cuando alguien más no lo hace. No solo te darás cuenta, también le pondrás límites a esa persona.

La fórmula secreta se expresa de esta manera: la gente te va a tratar como tú se lo permitas y vas a permitir lo que crees que mereces. Si crees que mereces poco, siempre te vas a conformar con menos de lo que en verdad mereces.

Toma papel y lápiz y haz el ejercicio de escribir los pensamientos negativos que te dices durante un día entero. Este ejercicio te ayudará a tomar conciencia acerca de cuál es tu realidad, de cómo te estás hablando.

Hazlo por varios días hasta que te des cuenta de las cosas que te dices. Tomar conciencia es el primer paso, pero con solo saber que nos hablamos mal y abusamos de nosotras mismas no va a cambiar nuestra realidad, así que luego de la toma de conciencia hay que dar un segundo paso. Si bien el primer pensamiento no lo podemos cambiar, sí podemos redireccionar el segundo.

«La gente te va a tratar como tú se lo permitas y vas a permitir lo que crees que mereces».

Quiero compartir contigo el ejercicio que cambió mi autoestima y la seguridad en mí por completo. Este es uno de los ejercicios más poderosos que existen.

Antes de compartirlo quiero que sepas que todo lo que yo enseño son herramientas y técnicas que aplico a mi vida y me funcionan, así que soy evidencia y resultado de lo que vas a aprender con este libro.

Okey, ahora pasemos al ejercicio, a revisar ese diálogo interno que todos tenemos, que muchas veces quizás lo escuchaste como esa «vocecita interna». El ejercicio consiste en despersonalizar esa vocecita (los pensamientos negativos), como si fuera una persona externa a ti. Despersonalízala al punto de ponerle un nombre. A mi voz interior le puse por nombre Charlote, y cada vez que ella trata de desanimarme y tirarme para abajo, le contesto. Si se me quema la comida y Charlote empieza a decirme:

—¡Ves cómo no haces nada bien! ¡No hay duda de que eres un desastre!

Enseguida le respondo:

—No es cierto. Sí, quizás esta vez me salió mal, sin embargo, no significa que no sepa cocinar o que sea una inútil en todo lo que hago.

Cuando hago este ejercicio de contestarle a la cruel vocecita, transformo los pensamientos negativos y desempoderadores en pensamientos positivos y empoderadores. Pero si yo no hago este ejercicio, esos constantes pensamientos negativos vienen (y la mayoría de las veces ni siquiera cuenta me doy) y se instalan en mi mente para pasar después a mi realidad.

Te lo repito una vez más: lo que crees lo creas, si crees que eres capaz, tienes razón y si crees que no eres capaz, también tienes razón, porque esa creencia te va a llevar a convertirte en lo que sea en que tengas convicción. Entonces, ¿por qué no creer que puedes?, ¿por qué no tener cien por ciento seguridad en ti y en tus capacidades?

Te aseguro que tu actitud y tu forma de presentarte al mundo será distinta si crees en ti, darás más de ti misma y comenzarás a ser tu fan número uno, tu propia *coach*, tu mejor amiga. De esta forma tiene que ser todos los días de tu vida. Si tú misma no crees en ti, ¿cómo esperas que otros lo hagan?

Así que es hora de cambiar tu realidad, tu presente y tu futuro. Es tiempo de hablarte bonito y de construir una autoestima de oro. Darte ánimo no depende de nadie más que de ti misma, o acaso ¿vas a seguir poniendo en manos de los demás tu propio valor?

«Lo que crees lo creas, si crees que eres capaz, tienes razón y si crees que no eres capaz, también tienes razón».

Creencias limitantes

Ya he hablado, *grosso modo*, de las creencias limitantes, esas que, aunque no sean una verdad absoluta, son una verdad que tú crees, y el gran problema está en que te limitan y te encierran en un cuadrado del que luego no puedes salir.

No estoy segura si has escuchado hablar acerca de las creencias limitantes. Antes de certificarme como *coach* no había escuchado este concepto, no sabía qué era, aunque su enunciado se explica por sí solo, por lo que me quiero tomar un pequeño momento para explicarte que una creencia limitante es un juicio que emites, algo que crees que es cierto y que de algún modo te condiciona. En general, son acusaciones falsas que —como son falsas—, pueden afectar muchísimo tu realidad porque parecen ciertas de tanto que se repiten y de tanto que se han normalizado.

Una creencia limitante puede ser creada por experiencias negativas, puede pasar a ti a través de otras personas o puede formularse gracias a tus miedos.

Por ejemplo, una creencia limitante mía creada por el miedo es la que te comenté antes: «no soy buena para hablar en público», simplemente porque me confundí en un acto escolar cuando era pequeña.

Esa situación me dio vergüenza y miedo y cuando algo nos da miedo, nosotras mismas (de manera consciente o no) formulamos una creencia para protegernos, es decir, la usamos como mecanismo de defensa, para no tener que pasar por esa situación de nuevo o, por ejemplo, para no ser rechazadas por el miedo al «qué dirán», entre otras razones.

Entonces, lo que hacemos es repetirnos una y otra vez esta creencia limitante hasta que por fin se vuelve una verdad absoluta, una realidad en nuestras vidas. Ahora bien, una creencia puede crear o destruir, generalmente la segunda opción parece ser su propósito, porque, como he dicho antes, palabras más o palabras menos, nos paralizan, nos encajonan. ¿Recuerdas que te dije que las palabras son poderosas y mágicas?

También existen las creencias limitantes que son adquiridas por mediación de un antecesor, me refiero a creencias de tus padres que fueron transmitidas a ti. Por ejemplo, si tu madre siempre repetía la frase: «Todos los hombres son iguales», lo más probable es que te hayas grabado esa creencia.

Cuando somos pequeños nuestros padres son nuestro modelo a seguir, todo lo que dicen lo creemos sin cuestionarlo, y así nos van pasando sus creencias limitantes, no las cuestionamos y muchas personas ni siquiera siendo ya adultos lo hacen.

En mi caso, fui criada por mi mamá y mi abuela, las dos son mujeres divorciadas que no han logrado tener relaciones sanas y duraderas, y no me sorprende tampoco por las creencias limitantes que tenían. Crecí escuchando a mi mamá decir cosas como: «Todos los hombres son iguales, lo único que buscan es divertirse. Ninguno vale la pena, lo único que saben hacer bien es mentir y luego abandonarte».

Yo heredé una parte de estas creencias limitantes de mi madre y otra parte se la debo a la experiencia de abandono que tuve de mi padre. Para mí eran verdades absolutas: «Todos los hombres son iguales». Esto me llevó a tener relaciones de pareja —sobre todo las primeras— en las cuales los hombres cumplían con esos parámetros y ¿qué crees? Esas relaciones que tuve afirmaban aún más mis creencias limitantes, haciéndome permanecer en una realidad donde existían solo los hombres «iguales».

Si te dices a ti misma: «Todos son iguales», te encierras en un círculo donde únicamente vas a prestar atención a hombres con características negativas, esas mismas que buscas evadir.

Quiero mostrarte esto que te estoy explicando con un ejemplo, para el cual vamos a hacer un ejercicio (ojo, sin trampas). No sé si me estás leyendo en tu habitación, en tu oficina o en un medio de transporte.

Sea donde sea, mira a tu alrededor y presta atención a todo lo que veas de color azul, mira bien de arriba abajo, luego vuelve a la lectura.

Bien, ahora no levantes tu vista del libro, no hagas trampa, quiero que me digas todas las cosas que viste y que son de color amarillo, sí, amarillo. No vuelvas a mirar, el ejercicio no vale si haces trampa... Lo más seguro es que no logras recordar ninguna o quizás muy poquitas cosas de ese color.

Vuelve a mirar a tu alrededor y presta atención a todas las cosas que son de color amarillo. Ahora, lo más probable es que veas muchas más de las que registraste la primera vez. ¿Por qué pasa esto? Simplemente porque nuestra mente no se puede enfocar en ¡todo!

Tenemos un enfoque selectivo y nuestras creencias limitan son ese enfoque. Por eso se llaman creencias «limitantes». ¿Todos los hombres son iguales? ¡Absolutamente no! Es una total mentira, pero sí es verdad que hay hombres mentirosos, malos, infieles, como también es verdad que los hay honestos, fieles, generosos y excelentes maridos.

Si yo me repito cada día, si lo digo una y otra vez, y no solo lo digo, sino que también lo creo: «Todos los hombres son iguales», ¿en qué crees que me estoy enfocando? Me estoy enfocando en los que tienen esas características que pongo dentro de la palabra «iguales».

Si esto te pasó a ti o si escuchaste a alguna amiga decir: «No me gustan los hombres buenos, me gustan los malos», quiero que sepas que esto viene de una creencia limitante, cuya afirmación está creando su realidad y condicionando sus relaciones. Su enfoque está en hombres «malos», así que su mente estará enfocada a fijarse únicamente en hombres «malos».

Hasta ahora solo te di ejemplos de creencias limitantes con respecto a relaciones, pero las creencias limitantes abarcan todas las áreas de nuestra vida: ¿qué piensas del dinero?, ¿de la vida?, ¿de ti misma? Te puedo garantizar que en todas las áreas existen creencias que te están frenando, que no te están dejando ser tu mejor versión ni vivir la vida que mereces, ni tampoco tener toda esa abundancia que te pertenece.

Hablemos ahora de tu relación con el dinero. Si te pregunto: ¿qué piensas del dinero?, es muy probable que me digas cosas positivas como: el dinero es bueno, es una herramienta necesaria, yo quiero dinero, me gusta el dinero. Pero si no tienes suficiente estoy segura de que tienes creencias limitantes en torno a este preciado bien.

Cuando yo empecé a trabajar mi relación con el dinero, cuando analicé esta pregunta: ¿qué pienso del dinero?, mis respuestas eran todas positivas: el dinero es una herramienta necesaria, amo el dinero, el dinero me da libertad, me da poder de elección, me brinda mejores condiciones de vida... Todas mis respuestas eran positivas, pero aun así mi relación con el dinero era terrible. Jamás tenía suficiente, todo el dinero que me entraba se iba rápidamente, no podía ni siquiera ahorrar y siempre vivía con lo justo.

Pero cuando me pregunté: ¿qué escuché sobre el dinero cuando crecí? Ahí aparecieron todas esas creencias que ni siquiera yo sabía que existían. Yo crecí escuchando que las personas que tienen dinero seguro hicieron algo ilegal, que las personas ricas son estafadoras y soberbias, que «el dinero no crece en los árboles» o que «cuanto más dinero más problemas», y ¿sabes cuál era mi realidad? Me deshacía del dinero apenas lo tenía en mis manos.

Cuando llegaba a fin de mes, si, por ejemplo, ganaba cien dólares, terminaba gastando noventa y nueve con cincuenta, no podía ahorrar ni hacer crecer mi dinero. Mis creencias limitantes hacían que me deshiciera de él rápidamente. Mis ingresos siempre estuvieron limitados porque tenía tantas connotaciones negativas asociadas a él que inconscientemente no lo quería. Hasta que hace unos cuantos años pude romper con esas creencias limitantes y finalmente logré mejorar mi relación con el dinero.

A partir de entonces no solo mis ingresos se dispararon, también aprendí a administrar mi dinero, a invertir, a hacerlo crecer incluso cuando duermo o cuando estoy de vacaciones.

Desde que rompí mis creencias limitantes entendí que mi relación con el dinero es tan importante como cualquier otra relación que tengo, así que todos los días dedico tiempo, energía y me capacito para tener una mejor relación con el dinero.

Si quieres tener dinero en tu vida en abundancia vas a tener que dedicarle tiempo, atención y energía para que crezca. Sobre todo, tendrás que mejorar tu relación con él, volverte su amiga y, mejor aún, su aliada.

De la misma manera que logré mejorar la relación con las finanzas, también logré mejorar mis relaciones de pareja, me casé con un hombre maravilloso que está completamente fuera de cualquier descripción que hubiera tenido antes acerca de los hombres.

Cuando comparto en mis redes sociales sobre la confianza que le tengo a mi marido, sobre lo fiel y honesto que es, recibo muchísimos comentarios de personas con creencias limitantes que no pueden aceptar ni creer que existe una verdad así. Están tan aferrados a sus creencias limitantes y experiencias negativas que les irrita ver una relación sana. Los leo y recuerdo que lo que alguien dice o piensa de otro, lo describe a él, ¡no a ese otro!

Nada más cierto.

Ahora bien, para que una creencia sea sostenida en el tiempo tiene que tener justificación. Volvamos a esta creencia que tuve: «No sé hablar en público». Imagínate esa creencia como si fuera una mesa. Una mesa necesita de sus cuatro patas para sostenerse. Con una creencia sucede igual, debajo de la creencia están las justificaciones de por qué creemos que esa creencia es verdad, y puede partir (como ya lo vimos) desde una experiencia, de miedos o de las creencias de nuestros padres, pero luego la afirmamos tanto que vamos creando más experiencias que nos demuestran que es cierta, como pasa también al enfocarnos tanto en ella, que solo vemos evidencias que la confirman.

La primera pata que sostenía la mesa de mi creencia fue creada cuando tenía diez años de edad, hablé en público y me trabé; la segunda pata fue el hecho de que mis amigos insistían en que yo no sabía hablar correctamente; la tercera, que me ponía nerviosa al hablar con gente desconocida; y la cuarta, que no contaba con un amplio vocabulario.

Las patas son todas esas justificaciones que te has creado para sostener esa creencia. Esas creencias las sostienes para protegerte. Como, por ejemplo, yo lo hice para no volver a tener que hablar en público y pasar por esa terrible experiencia, incluso para no revivir ese dolor y esa vergüenza si por alguna razón tenía que volver a hacerlo. Me formé una justificación de por qué pasó lo que pasó y al final, claro, no era culpa mía, sino de todas las patas de esa mesa.

Cuanto más te concentras en esa creencia más la repites y más patas acumulas.

Empecemos reconociendo las creencias limitantes que tienes. Para descubrirlas puedes hacerte simples preguntas como:

- ¿Qué pienso de mí?
- ¿Qué pienso del dinero?
- ¿Qué pienso de los hombres?
- ¿Qué pienso de las relaciones?
- ¿Qué pienso de las personas?
- ¿Qué pienso del mundo?

Luego, describe también las patas de cada creencia que tienes. Esas patas que han sostenido tus creencias a través de los años.

El siguiente paso es empezar a romper con esas creencias y para ello quiero compartir contigo un ejercicio que aprendí de leer a *The work* (2004) de Byron Katie. Ella propone cuatro preguntas para romper con las creencias limitantes.

La primera pregunta te confronta: ¿es verdad? Es una pregunta que puede cambiar tu vida porque te cuestiona si lo que crees es cierto. Por ejemplo: ¿es verdad que no sé hablar en público?, ¿es verdad que todos los hombres engañan? Sin duda tu primera respuesta va a ser: «Sí, claro que es verdad» y es normal, acarreas con esa creencia desde hace años.

Ahora, pasemos a la pregunta número dos: ¿puedes saber con total certeza que esa creencia es verdad? Hay que ir más profundo: ¿tengo toda la información necesaria para estar absolutamente segura de que esa creencia es cierta?, ¿no será que es una mala interpretación mía?, ¿estoy cien por ciento segura de que no sé hablar en público?, ¿tengo toda la información necesaria para creerlo?

Con estas preguntas empiezas a cuestionar todas esas patas que tiene la creencia, por ejemplo: «¿cómo puedo estar segura de que no sé hablar en público, si desde que tengo diez años no lo hago?, ¿mis justificaciones sobre por qué no sé hablar en público son válidas?, ¿estoy 100 % segura de que las personas que no tienen un amplio vocabulario no saben hablar en público?, ¿mis amigos son los correctos jueces para decirme que no sé hablar en público?, ¿son oradores y profesionales en el área?».

Luego pasemos a la pregunta número tres: ¿cómo me siento al pensar en esta creencia? Con esta pregunta vas a empezar a notar la causa interna: ¿cuando piensas en eso cómo te sientes?, ¿te sientes incómoda?, ¿con miedo?, ¿con vergüenza? Haz una lista de estos sentimientos: «Me siento frustrada, me da vergüenza, siento miedo al rechazo, siento miedo al qué dirán, me siento expuesta a lo desconocido, me siento rechazada».

La última pregunta, la número cuatro, es incómoda pero transformadora, te invita a reflexionar acerca de cosas que nunca te has planteado: ¿cómo me sentiría si no tuviera este pensamiento? Imagínate en esa situación o siendo esa persona, sin esa creencia: ¿¡cómo de distinta sería tu vida!?, ¿cómo serían tus relaciones?, ¿tienes sentimientos positivos, de paz, al imaginarte sin esa creencia? Por ejemplo: «Sin esa creencia me sentiría sin la limitación de no saber hablar en público. Sería una persona mucho más abierta, más sociable, no tendría miedo a hablar con desconocidos, hacer el ridículo no me asustaría, no me importaría lo que piensan de mí, podría ser libre en mi forma de expresarme, mi autoconfianza aumentaría, tendría un mejor puesto de trabajo y más oportunidades en la vida».

¡Wow!, es increíble cómo una sola creencia puede arruinarte y limitar tu vida por completo.

Ahora que ya las reconociste y con estas cuatro preguntas pudiste determinar que no son una verdad absoluta, en cambio, son ideas que crearon tus experiencias y miedos (propios o heredados de tus padres), ¿estás lista para reemplazarlas?

Vamos a cambiar esas creencias limitantes por creencias empoderadoras y agreguémosle cuatro patas, cuatro razones, cuatro motivos de por qué estas creencias son verdad.

Por ejemplo, di: «existen hombres honestos y el que yo no los haya conocido todavía no quiere decir que no existan». Repítete afirmaciones como esta —las que más contradigan tus creencias limitantes—, y busca evidencias hasta que por fin lo creas. Ahora tendrás una verdad empoderadora, en vez de una creencia limitante.

Al comienzo, intentar cambiar ese chip parecerá un poco forzado, pero con el tiempo te acostumbrarás. La única persona que puede limitarte eres tú misma, abre tu enfoque a aquello que te hará crecer como persona.

El secreto de la motivación

Te haré una pregunta: ¿por qué hay personas que se levantan a las cinco de la mañana, son muy productivas, son personas que cuidan su cuerpo, su alimentación y están siempre motivadas, y por otro lado hay otras que no respetan su cuerpo, que viven desganados, que viven lamentándose y nunca tienen tiempo para nada? ¿Cuál es la diferencia entre estas dos personas?, ¿por qué hay personas tan motivadas y otras que viven una vida miserable?, ¿será la suerte?, ¿las condiciones en las que viven?, ¿o tienen algún don o secreto que no sabemos?

La verdad es que hay una única diferencia y es: la historia que se cuentan. Una persona motivada se cuenta una historia motivadora, busca soluciones, tiene claro su porqué, qué quiere en la vida, cómo lo quiere y va por ello, no hay excusas ni ningún problema demasiado grande.

Una persona que vive una vida miserable es una víctima, se refugia en las excusas, se dice que no tiene tiempo, culpa a la economía, al jefe, a su pareja. Es una marioneta del mundo y de su situación.

Anteriormente estuvimos hablando un poquito de las situaciones que no podemos controlar y de cómo, dentro de cada situación de la cual no tenemos dominio, podemos elegir la manera en que reaccionamos, de modo que, ¿cuál historia te vas a contar?, ¿una de terror o una empoderadora?

Ten claro que de esa historia dependen muchas cosas: cómo te vas a sentir, cuál será la calidad de tus acciones, cómo vas a actuar... Y de cómo vas a actuar depende a dónde vas a llegar y cómo va a ser tu futuro. Así que básicamente de tu historia depende tu futuro.

El mismo momento en que lees estas líneas depende de algo que construiste en el pasado, estás donde estás por acciones que tomaste ayer. Si tu realidad actual no te gusta, si no estás conforme, es solo por un motivo, uno solo: las decisiones que tomaste en tu pasado. Para tomar buenas decisiones tienes que tener un plan y saber hacia dónde quieres ir.

Hablaremos de este tema más adelante. Ahora me quiero enfocar en que tomes el control de tu vida, cómo vivir motivada y cómo dejar de vivir en consecuencia de tus emociones para sacar ese poder interior que habita dentro de ti y que vivas la vida en tus propios términos.

Si nos ponemos a pensar, cualquier persona puede tomar acción, cualquiera puede cambiar su vida, su mentalidad, su dieta, dejar una relación tóxica o un trabajo mal remunerado. ¿Cualquier persona lo puede hacer de verdad? Sí, sin duda. Ahora, ¿por qué hay personas que lo logran y hay otras a las que les cuesta tanto o que fallan en el intento?

¿Te ha pasado que tienes una amiga que está envuelta en una relación tóxica, ella lo sabe, sabe que tiene que terminar la relación, sabe que no es sana, sabe que esa relación no suma, sabe que él no es para ella, sin embargo, no deja esa relación? ¿Por qué le cuesta tanto tomar acción? La razón principal es por miedo, miedo a fallar, miedo a quedar sola, miedo al rechazo, miedo a no ser suficiente. Este miedo la paraliza y no la deja tomar acción. En el fondo todos buscamos evitar el dolor y el sufrimiento, entonces, aunque duela más, preferimos quedarnos con lo conocido que arriesgarnos por lo desconocido.

Lo que nos motiva y nos mueve a los seres humanos, aparte de nuestras necesidades, son dos fuerzas: evitar el dolor y ganar placer. Cuánta gente dice: «Voy a bajar veinte kilos en un mes, no voy a comer nada, empiezo la dieta estricta, me voy a cuidar por un mes entero sin azúcares, sin alcohol, sin postres; voy a comer solo frutas y verduras», y luego de un mes están igual o peor.

No lo lograron porque están relacionando dolor con bajar de peso. Están relacionando dejar de comer o comer comida saludable, con sufrimiento, y es difícil que esa misma gente logre cumplir su meta de bajar de peso, porque van a terminar renunciando al primer segundo de estar frente a un chocolate o un helado.

El helado es placer y la dieta es dolor, y acuérdate que nos movemos para ganar placer y para evitar el dolor. Es verdad que si no pierden esos kilos les va a causar dolor, pero en este caso el dolor es a futuro, no tienen que lidiar con eso ahora. Sin embargo, en frente tienen un rico helado que les dará placer inmediato, ¿qué crees que hacen? Terminan eligiendo el placer inmediato.

Si no aprendemos a controlar estas dos motivaciones terminaremos reaccionando y, en consecuencia, no tendremos los resultados que queremos. No estaremos en control de nuestra vida si vivimos reaccionando.

¿Cuántas historias has escuchado de personas que sufrieron tanto tanto que tocaron fondo y lograron finalmente cambiar? Ya sea empezar una dieta, terminar una relación tóxica, dejar de fumar; sufrieron tanto dolor que no pudieron aguantar más y tuvieron que cambiar.

¿Cuántas veces tú mismo tocaste fondo en una situación y dijiste ya no más? Y sin dudar, sin pensarlo dos veces, tomaste la decisión de cambiar esa situación. ¿Por qué crees que pasa eso? Es tanto el dolor que eres capaz de hacer lo que sea para evitarlo.

Solo con esta información que te estoy dando puedes cambiar muchas cosas en tu vida, pero ¿cómo aplicarlo? Es simple, solo tienes que ser consciente de tu enfoque.

Voy a seguir con el ejemplo de los hábitos alimenticios. De seguro, alguna vez te pasó que comiste un chocolate sabiendo que no debiste haberlo hecho, ¿verdad? Tu decisión fue el placer inmediato, te enfocaste tanto en el placer, viste el chocolate y tu mente te llevó a lo rico que es, a su extravagante sabor, a su textura, y no te pudiste resistir.

Ahora trasládate a otro momento que estoy segura de que también te ocurrió, en el que no comiste el chocolate porque te enfocaste en el dolor. Te dijiste: «si me como este chocolate esta semana tengo que hacer una hora de cardio intenso y no me gusta hacer cardio, si como este chocolate son doscientas calorías más que tengo que quemar, si como este chocolate me voy a engordar».

La situación es la misma: tienes el chocolate (postre o torta) frente a ti, lo único que cambia, lo único distinto es el enfoque. Y ¿quién crees que es la persona que elige el enfoque? Tú, tú tienes el control, puedes frenarte justo antes y acordarte de esto que te estoy enseñando, ponerte tanto dolor al comértelo que hasta asquito te va a dar.

¿Quieres ir al gimnasio mas no logras mantener tu rutina?, ¿dime qué piensas de ir a entrenar?, ¿qué enfoque le estás dando?, ¿placer o dolor? Estás pensando: «¡qué pereza que tengo, no me gusta entrenar, detesto sudar, hoy estoy de verdad muy cansada!»; o te estás diciendo: «¡genial, es hora de ir al *gym*, voy a lucir preciosa en unos meses. ¡Ir a entrenar hace bien a mi salud y mi energía, cada vez que termino mi entrenamiento me siento más orgullosa de mí!».

Si te dejas llevar por las dos motivaciones nunca vas a estar en control de tu vida, sin embargo, conociendo estas motivaciones y cambiando el enfoque vas a poder lograr con éxito todo lo que te propones. Lograrás hacerlo todo con motivación y mucha energía.

Pasemos todo esto a la práctica, empieza identificando algo que te gustaría lograr, como, por ejemplo, dejar una relación tóxica, ir al gimnasio, bajar esos kilos de más, cambiar de trabajo, empezar tu propio emprendimiento. Piensa en eso que quieres alcanzar, pero se te hace imposible.

Luego de identificarlo escribe todo lo que se te viene a la mente cuando piensas en esa acción, ¿qué sientes?, ¿qué estás relacionando a eso?

Yo estuve en una relación tóxica por casi cinco años y me costó mucho trabajo cerrar esa puerta, sabía que no era para mí, sabía que no me hacía bien, sabía que él era el incorrecto, pero aun así no podía terminar con él.

Esto pasó hace más de diez años. No solo era más joven e inexperta, tampoco tenía estas herramientas que te estoy enseñando ahora, y las cosas que me decía en torno a terminar esa relación eran: «Me voy a quedar sola y jamás voy a encontrar otra pareja, no tengo dónde vivir, lo voy a extrañar mucho si lo dejo. Nunca me voy a recuperar de una ruptura con él, los hombres allá afuera son peores, me da miedo la soledad, jamás voy a tener con otra persona esa misma química que tengo con él, jamás voy a poder amar así, me muero si lo veo con otra».

Presta atención a todas las historias que te estás contando en torno a eso que quieres lograr. Te puedo garantizar que son cosas que te generan dolor, por eso te está costando ser constante, tener motivación y finalmente superar el desafío.

El siguiente paso es cambiarle el significado a esa acción que quieres lograr. Diez años atrás, para terminar mi relación tóxica me hubiera dicho cosas como: «Si termino esta relación no voy llorar todos los días, en cambio, voy a poder ser mi mejor versión. No voy a tener que limitarme con lo que digo o la ropa que uso, voy a poder vivir tranquila sin gritos ni peleas, voy a retomar el contacto con mis amigos y familiares. Voy a tener más tiempo para dedicarme a mí y a las cosas que me gustan, voy a poder encontrar un hombre que sume a mi vida y con quien pueda compartir una relación sana».

Si tan solo me hubiera repetido una y otra vez estas historias empoderadoras, sin aferrarme al dolor y al sufrimiento, sin duda hubiera soltado esa relación mucho antes.

El secreto está en poner tanto placer a esa acción que desees lograrla. Enfócate siempre en ese resultado final, como, por ejemplo, en volver a ser feliz y estar en pareja con alguien que te respete. Si puedes escríbelo en un papel y llévalo contigo a todas partes, léelo todos los días, sobre todo esos días que tienes dudas y miedos, inseguridades y poca motivación.

Ponte en primer lugar diciendo «no»

La relación más importante que tienes y la única asegurada que te va a durar por el resto de tu vida es la relación que tienes contigo misma. Por eso, asegúrate de llevarte bien contigo misma. Esto subráyalo, vuélvelo a leer y, sobre todo, ¡no lo olvides nunca!

Debes organizar y priorizar tus necesidades para poder llegar a ser la mujer ideal de la que hablamos en párrafos anteriores, y si vives diciendo que sí a todo el mundo, difícilmente logres priorizarte.

Cada vez que le dices «sí» a alguien te estás diciendo «no» a ti misma, y así el resto del mundo es quien maneja tu vida.

Aprender a decir que no va más allá de poner límites y priorizarte, ya que, si no lo haces, esto te hará perder la seguridad y la confianza en ti misma, y claramente afectará tu autoestima.

Antes de ser esposa, madre, amiga, hija, hermana, estás tú como individuo y pensar en ti primero, para nada es ser egoísta. ¿Por qué crees que los aviones siempre te dicen que en caso de emergencia debes ponerte primero la máscara tú, antes de ayudar a alguien más?

Es exactamente igual en todo lo relacionado con tu vida. ¿Cómo vas a ayudar, a dar lo mejor de ti, si no lo tienes en ti o si no lo usas para ti misma, si no estás bien, si no tienes tu vaso lleno? Priorizarte no solo es un acto de amor propio, también es un acto de amor hacia los demás, para dar tu mejor versión primero debes convertirte en tu mejor versión, y jamás lo harás si vives poniendo a todos y a todo antes que a ti.

«La relación más importante que tienes y la única asegurada que te va a durar por el resto de tu vida es la relación que tienes contigo misma».

Uno de los desafíos más grandes que tienen las mujeres es ser madres. Inmediatamente se olvidan de ellas mismas, cometen el grave error de ponerse en segundo y hasta en último lugar. La verdad es que no le están haciendo ningún bien a nadie, ni siquiera a sus niños. Si es tu caso, piensa por un segundo en el ejemplo que le estás dando a tus hijos.

Explícame, ¿cómo les vas a enseñar autoestima si no te amas a ti misma? Y, aunque creas que ellos no notan cómo te comportas contigo misma, déjame decirte que ellos aprenden más al ver tus acciones que al escuchar tus consejos. Enseña con el ejemplo, con acciones.

Uno de los desafíos más grandes para priorizarte es aprender a decir que no. Es un problema que lo tiene la gran mayoría de las personas, por eso quiero dedicar unas líneas a hablar sobre el tema.

La mejor manera de dominar algo es con la práctica, con la repetición. Si te cuesta decir que no, empieza a practicarlo frente al espejo. Mírate en el espejo, practica cómo sería decirle no al resto del mundo e imagina situaciones reales por las que has pasado o que piensas que puedes enfrentar.

Otra gran opción es presentar una contraoferta y así aceptar solo una parte de lo que se te pide, de esta forma puedes decir que sí, pero en tus propios términos. Por ejemplo, si una amiga te pide que la acompañes a hacer unas compras y tú no tienes suficiente tiempo, tu contraoferta puede ser: «Te acompaño con gusto, pero dispongo de una hora».

Niégate con agradecimiento. Usa una manera cordial para negarte a hacer aquello que no te satisface, utilizando frases como: «Gracias por pensar en mí, pero no puedo hacerlo», «la idea es genial, pero lamentablemente no puedo», «confío en ti, solo que no dispongo del dinero que quieres que te preste». Agregar el agradecimiento o un halago al decir que no, te ayuda a que no se genere conflicto y reduce el sentimiento de culpa que podrías llegar a sentir.

Yo era una persona a la que le costaba mucho decir que no por miedo al rechazo y te confieso que nada de lo que hagas a favor de terceros evitará que tengas conflictos con ellos el día de mañana o evadirá las críticas que hagan de ti.

Por eso, ¡no te preocupes por lo que digan los demás! Las personas correctas no van a estar en conflicto con tu nueva versión, van a aceptar y respetar tu respuesta. Pero voy a ser sincera contigo, no todos lo harán y los que se van a molestar son las personas que hasta ahora han abusado de tus pocos límites y baja autoestima, y justo a este tipo de seres es a quienes tienes que eliminar de tu vida. Definitivamente, aprende a decir no y sé tú misma con libertad.

II
MATADORES DE SUEÑOS

Tienes que aprender las reglas del juego
y después jugar mejor que nadie.

Albert Einstein

Eso que te paraliza y que no te deja actuar

Ya lo sabemos, nuestras creencias limitantes, las cosas que pensamos, decimos y desconocemos de nosotros mismos nos pueden frenar, nos pueden llevar a tener una vida que no merecemos, a atraer hombres tóxicos, a estar en un trabajo mal remunerado, a vivir constantemente estresadas por cualquier desafío que se nos presente.

Parte de lo que compartí hasta ahora contigo tiene que ver con tu mundo interior, pero nos queda una parte muy importante: el mundo exterior. Así pues, al ser seres sociables, seres que para vivir tenemos que salir al mundo externo, no podemos estar aislados de las personas y de todo lo que pasa afuera, por esa razón hablaremos en este capítulo acerca de este tema.

Para poder tener autoestima y empoderarte, además de tener bajo control tu mundo interior, tienes que aprender a gestionar de manera adecuada el mundo que te rodea. Este es un mundo en el que no tenemos control, no podemos cambiarlo, mucho menos predecir lo que va a pasar, por eso es muy importante aprender dónde está tu control para no caer en ansiedad, estrés e incluso depresión. Los dos mundos están conectados y pueden destruir tus sueños, pueden apagar esa luz poderosa que tienes dentro, acabar con tu autoestima y tu seguridad.

Las múltiples caras de un mismo evento

No puedes negar que cada quien reacciona con una intensidad diferente ante una situación en particular. Si, por ejemplo, les preguntara a diversas mujeres qué harían si vieran a su pareja en la cama con otra mujer, las respuestas serían muy variadas.

Un mismo evento puede tener variedad de reacciones. Para la situación anterior puede que a una persona se le ocurra caerle a puñetazos a la pareja o a su amante, otra quizás salga corriendo, otra es probable que se sienta aliviada y otra hasta puede que le tome fotos.

Y ¿por qué sucede esto?, ¿por qué hay varias reacciones ante un mismo evento? La respuesta es simple: todos los eventos son neutrales, ni buenos ni malos. Cada quien le da un significado diferente al suceso. Por ejemplo: una mujer que encuentra a su marido con la amante puede sentir alivio, si ese evento representa para ella el cierre definitivo de una relación abusiva (la gota que rebasó el vaso). Otra mujer, en cambio, puede sentir mucho dolor y enojo por la traición y experimentar un ataque de pánico. El evento siempre es neutral, el significado que le damos es lo que va a ser que sea positivo o negativo, que nos genere alivio, bronca, tristeza o alegría.

De manera que quiero entrar en conversación contigo acerca de dos emociones muy frecuentes de las personas: estrés y ansiedad. Estas emociones son el resultado de cómo vemos un evento y de la historia que nos contamos.

Si piensas mucho en el pasado o, por el contrario, si te adelantas a cosas que aún no ocurren, en lugar de vivir el ahora pierdes tu centro. ¿Por qué?, simple: no puedes cambiar el pasado ni predecir el futuro.

Primero viene el pensamiento y luego el sentimiento, ¿lo recuerdas? Entonces, si vives pensando en el pasado o en el futuro, es normal que sientas estrés y ansiedad porque no te sientes bajo control.

Y ¿cuántas personas viven lamentándose del pasado o aterrados del futuro?, ¿te has hecho alguna vez las siguientes preguntas?

- ¿Qué pasa si pierdo el trabajo?
- ¿Qué pasa si mi pareja me engaña?
- ¿Qué hago si me quedo sola?
- ¿Qué tal si algo malo les pasa a mis hijos?

Quiero contarte qué hago yo cada vez que mi mente me lleva a posibles historias de terror que puedan pasarme en un futuro, porque créeme, me pasa, nos pasa a todos. La diferencia está en que hay personas que se cuentan esa historia de terror agregando cada día peores cosas y situaciones. Por el contrario, hay personas que le ponen un freno a esto, y quiero contarte acerca de una estadística que me cambió la vida y me ayudó a mí también a ponerle un freno a ese pensamiento de un futuro de terror.

TRIPLE M

Hay una estadística confirmada que dice que el noventa y cinco por ciento de las cosas que nos imaginamos no sucederán en el futuro. Imagínate, ¡noventa y cinco por ciento! ¡Sí, escuchaste bien!, un noventa y cinco por ciento de lo que pensamos no sucederá. Aprender esta estadística a mí me ayudó a cambiar por completo mi realidad. Cada vez que me encuentro creando historias de terror en mi mente, me detengo y me digo:

—Yanina, hay un noventa y cinco por ciento de probabilidades de que esa historia no ocurra, así que termina ya mismo con ese cuento, y si en ese cinco por ciento de probabilidad se hace realidad, vas a saber lidiar con el problema en el momento en que suceda. Ahora mismo no puedes hacer nada al respecto.

Exactamente así es como me hablo. Esto me ayuda a tener la ansiedad y el estrés bajo control.

Piensa en esto: ¿cómo lidiar con desafíos que aún no suceden? No tiene ningún sentido que te esfuerces en solucionar algo que aún no ocurre. Esto es muy importante que lo entiendas, porque estarías perdiendo tiempo y energía en un sinsentido.

También te pregunto: ¿esa situación (o desafío) puedes cambiarla o controlarla? Si la respuesta es no, suéltalo, no enfoques más tu atención ahí, y si la respuesta es sí, pon tus energías en hacerlo, en buscar soluciones y no en ahogarte en un vaso de agua.

Y si, por el contrario, te encuentras repitiendo una y otra vez en tu mente una historia del pasado hazte estas preguntas:

- ¿Qué vino a enseñarme este desafío o persona?
- ¿Qué aprendí de esa situación que tuve que vivir?
- ¿Por qué Dios puso a esa persona en mi vida?
- ¿Qué me está tratando de enseñar?

Como dice uno de mis mentores favoritos, Tony Robbins: «La vida no te pasa a vos, la vida pasa por vos».

¿Me beneficio o me perjudico? Yo decido

Imagina que estás en medio del tráfico en hora pico. Aunque te cueste aceptarlo, este evento es neutro; no lo puedes controlar ni cambiar, pero sí puedes elegir cómo reaccionar ante la experiencia.

Puedes escoger, por ejemplo, tocar corneta, estresarte y maldecir con la esperanza de que a tu vehículo le salgan propulsores que le permitan desplazarse por encima de los demás autos, o puedes aprovechar la ocasión para conversar con tus hijos o tu pareja, o si vas sola, colocar una música animada o un *podcast*; las posibilidades son infinitas.

El tráfico seguirá estando ahí hagas lo que hagas, la diferencia está en la manera como vas a reaccionar tú. ¿Te vas a beneficiar o te vas a perjudicar? Va a depender de la historia que te cuentes para asumir ese reto, y dependiendo de la historia que te cuentes va a ser la forma en la que te sientas.

Imagínate que en esa hora del tráfico estás tocando repetidamente la bocina, peleando con otros conductores y maldiciendo la ciudad donde vives, ¿cómo crees que vas a llegar a tu casa?, ¿feliz y contenta? Yo creo que no, vas a llegar estresada, cansada y enojada.

Ahora si, por el contrario, en esa hora de tráfico escuchas un audiolibro o un *podcast*, es decir, si implementas ese tiempo en algo productivo, lo que te hará sentir bien contigo misma, no sentirás el estrés por la pérdida de tiempo.

Otro evento neutro podría ser que te despidan de tu trabajo. Ya sé, seguro estás pensando: «Para nada eso podría ser neutro, ¡eso sería terrible!», no obstante —como ya te he mencionado—, de ti va a depender el significado que le des. Por ejemplo, salir de tu zona de confort podría hacer que explores tus potencialidades y termines ocupando un mejor cargo en otra empresa o llevando a cabo tu propio emprendimiento. Sin duda, este evento es neutro, cuando para algunas personas podría ser una desgracia, otras la pueden ver como una bendición, una oportunidad.

«La vida no te pasa a vos, la vida pasa por vos».

Si tienes una actitud positiva ante los desafíos que se te presentan y buscas soluciones, tú tienes el control y no ese desafío o problema. Y yo sé que a veces puede parecer imposible reaccionar de manera positiva ante un problema, pero por experiencia te digo que sí se puede. Como te mencioné anteriormente yo siempre me pregunto: «¿Qué es lo que este desafío vino a enseñarme?».

Quiero compartir contigo una de las peores experiencias que me tocó vivir hasta ahora para que puedas ver con un ejemplo cómo convertir una desgracia en una bendición. Todo empezó cuando me mudé a Estados Unidos, no sé si conoces mi historia, pero mi marido es americano, por dos años tuvimos una relación a distancia, yo vivía en Milán y él en Nueva York. El proceso de visa nos llevó dos años porque ocurrió en medio de la pandemia por el COVID-19, así que fue un gran desafío porque pasamos muchos meses sin poder vernos.

Claramente en ese momento el futuro era muy incierto para mí, pero eso no fue nada comparado con lo que vino después. Luego de buscar soluciones por varios meses logré tener la entrevista con la embajada norteamericana y me otorgaron la visa. Llegué finalmente a Nueva York en diciembre del año 2020, en invierno, a un lugar nuevo en el que jamás había estado antes, y estaba allí para mudarme definitivamente.

TRIPLE M

Fue una decisión muy difícil para mí dejar Italia, un país que amo, pero fue el compromiso que tuve que asumir para que mi relación funcionara porque mi marido tiene dos hijos de su primer matrimonio y obviamente era imposible para él mudarse a Italia.

De vivir sola pasé a vivir estando casada y con hijos (literalmente). Como es de esperarse, el cambio, no solo de país, de idioma, de cultura, sino también de vida, fue un gran desafío. No voy a mentir, me costó acostumbrarme a mi nueva vida, pero me lo esperaba, ya había tenido la experiencia de mudarme de Argentina a España y luego a Italia, así que tenía alguna idea de cómo me iba a sentir y el tiempo que iba a necesitar para adaptarme.

El problema fue encontrarme en Estados Unidos con dos personas completamente obsesionadas conmigo y con mi marido. Su exmujer y su novio. Lo que te voy a contar a continuación parece una historia de Netflix, pero pasó en la vida real, me pasó a mí.

Cuando mi marido se separó —y quiero aclarar que en su divorcio se comportó como la persona increíble y honesta que es—, no dividió lo que tenía con ella en un cincuenta por ciento, como normalmente ocurre en los divorcios, sino que le dejó a su exesposa absolutamente TODO. Hasta su abogado le dijo que en treinta años de profesión ningún hombre había hecho lo que él hizo, jamás.

Obviamente, también cumplió al cien por ciento con su responsabilidad de padre, pero para ella no fue suficiente, tenía que arrebatarle también su felicidad. Así fue que, en complicidad con su novio, un psicópata narcisista, se propusieron una meta: arruinarnos la vida.

Empezaron por instalarnos un GPS en nuestro auto, luego dejaron amenazas en la puerta de nuestra casa, nos hicieron acoso cibernético con constantes insultos y mensajes en nuestros teléfonos con amenazas de muerte, tanto a mí como a mi marido, a diario.

No conformes con eso, acosaron a todos nuestros amigos, familiares y a los clientes de mi marido, hasta que finalmente lograron derrumbar su empresa, le robaron dinero de su cuenta de banco usando su identidad, hicieron tres estafas con el seguro del auto que mi marido dejó a su ex. Y como si fuera poco, abusaron mentalmente de dos menores, los hijos de mi marido, para manipular, lastimar y extorsionar a mi esposo por dinero.

Se tomaron muy en serio su meta, nuestra vida se estaba convirtiendo en un infierno, vivíamos entre abogados, policías y servicios de protección al menor.

Una mañana de agosto del 2021, días previos a mi cumpleaños, golpearon muy temprano la puerta. Yo estaba haciendo el desayuno y mi marido fue a abrir. Eran dos policías preguntando por mí. Cuando escuché mi nombre y vi quiénes eran me paralicé, sentí mucho miedo, jamás en la vida tuve ningún problema con la ley.

Me acerqué a la puerta y me informaron que tenía que presentarme en la corte familiar porque estaba siendo acusada de amenazar de muerte a los dos hijos de mi marido y a los cuatro hijos del novio de la ex de mi marido, que, dicho sea de paso, jamás conocí en persona.

Me entregaron la petición de presentarme en la Corte y una orden de restricción, lo que significaba que si yo me acercaba a los hijos de mi marido me iban a arrestar automáticamente. Ese era el objetivo final, que el día de mi cumpleaños lo pasara en la cárcel y seguidamente me expulsaran del país.

Exactamente, eran las mismas acusaciones que había recibido mi marido meses antes, los dos tuvimos que compadecer en la Corte Familiar a defendernos. Cuando me tocó defenderme decidí hacerlo sin un abogado, me representé a mí misma porque tenía la certeza y la confianza de que con la verdad sería suficiente. Estuve en juicio prácticamente dos meses y a medida que el juicio avanzaba y este hombre (el novio de la exmujer de mi esposo, al que yo hasta entonces y hasta el día de hoy jamás vi en persona), veía que era poco creíble lo que decía porque no tenía ninguna prueba de sus falsas acusaciones, agregó que yo también tenía una relación íntima con él. ¡A ese nivel de locura llegó! Si alguna vez lidiaste con una persona narcisista y sociópata te sentirías identificada con este comportamiento. Yo lo tuve que aprender así: defendiéndome delante de un juez.

Ahora te hago una pregunta: ¿cómo sacarle algo positivo a semejante infierno? No te voy a mentir, los primeros meses me costó mucho, no podía estar bien, sentía que mi mundo se estaba desvaneciendo junto con mi paciencia y mi fe.

Pensé mil veces en renunciar, estuve mal, lloré y hasta me puse en un papel de víctima. Y sí, quizás tenía toda la razón y el derecho de ponerme en ese papel, recientemente había llegado a Estados Unidos y en vez de disfrutar de estar finalmente con mi pareja, disfrutar de nuestro recién matrimonio, tuve que enfrentar mentiras y calumnias, tuve que defenderme delante de autoridades y poner todas mis fuerzas en ayudar a mi marido para que no se derrumbara y pudiera seguir en pie. A simple vista él era una víctima, pero en ese lugar no se gana, en ese lugar no tenemos el control, en ese lugar no tenemos poder.

Recuerdo como si fuera hoy el día que toqué fondo. Estaba en la cama con COVID. Fui contagiada de manera intencional en nuestra propia casa a través de los hijos de mi esposo, que fueron enviados por su madre, aun sabiendo que estaban enfermos, con la intención de acabar con mi marido, paciente de alto riesgo con problemas de corazón.

Creo que jamás me había sentido tan mal, no solo física sino mental y emocionalmente. Me cruzó por la mente por primera vez en mi vida la idea de: «No quiero estar más acá» y para mí eso fue tocar fondo. Tener un pensamiento tan oscuro, tan ingrato con Dios y la vida fue mi fondo.

Ese día dije ¡basta!, y me prometí que ese desafío no me iba a ganar. Ese problema no podía ser más grande que yo. Y en ese fondo tan oscuro encontré a Dios, en ese momento Él no se presentó con palabras, pero sí me hizo sentir y entender que, si me dio ese problema en mi vida, significaba que yo lo podía superar y, por otro lado, era para enseñarme algo, era para ayudarme a crecer y yo no lo había visto hasta ese momento, porque estaba muy ocupada poniéndome en el papel de víctima.

No sé cómo explicarlo con palabras, pero justo en ese instante hubo un cambio en mí. Al día siguiente me desperté con ánimos de buscar y encontrar soluciones, maneras de sentirme mejor, y así fue como una cosa me fue llevando a otra y terminé estudiando *life coach*. No comencé a estudiarlo para adquirir una profesión, empecé a estudiar por mí y para mí, quería aprender las herramientas necesarias para sacarme del hueco negro donde estaba, que de a poco fui aplicando a mi realidad, todo lo que estaba aprendiendo lo hice mío y empecé a sentirme mejor, más segura de mí, en control, sin miedos y sin ansiedad.

Y si bien aquel desafío continuó un par de meses más, a mí ya no me afectaba como antes, porque aprendí a aceptar lo que no puedo controlar, ni cambiar, aprendí a gestionar mis emociones y mi reacción de manera distinta, y cuando descubrí eso cambié mi vida, cambié mi realidad.

Gracias a que salí del papel de víctima y pude buscar soluciones, en lugar de encerrarme en el problema, hoy soy *coach* y ayudo a millones de mujeres alrededor del mundo. Ese evento que al principio me pareció algo negativo, doloroso, perturbador, hoy, cuando volteo hacia atrás, me doy cuenta de que no cambiaría absolutamente nada, porque si eso no hubiera pasado hoy tú no estarías leyendo estas líneas y @yani_coach no existiría. Sin ese desafío yo no hubiera encontrado mi propósito de vida, yo no hubiera encontrado mi porqué. Dios tuvo que ponerme delante de una situación difícil para direccionarme en el camino correcto.

Todos los desafíos que se presentan en tu vida vienen a enseñarte algo, vienen a hacerte más fuerte, vienen a amoldarte en una mejor versión, depende de ti si vas a tomar ese cambio o por el contrario vas a dejar que ese problema o desafío te destruya. Yo elegí que ese desafío que me ocurrió me construyera y gracias a eso encontré mi propósito de vida.

Igual, no te voy a dejar con la intriga, luego de meses y meses peleando en diferentes cortes, logramos obtener la victoria en cada una de ellas, como resultado los protagonistas de la mentira terminaron con dos cargos criminales: uno por acoso agravado y otro por robo de identidad.

«Todos los desafíos que se presentan en tu vida vienen a enseñarte algo, vienen a hacerte más fuerte, vienen a amoldarte en una mejor versión...».

Con esto quiero llamarte a la reflexión de que hay situaciones que no puedes cambiar. Situaciones difíciles, duras, dolorosas e injustas, pero más allá de ello, tienes un gran poder, el poder de modificar la manera de ver esas situaciones, es decir, de dirigir tu enfoque.

Vayamos a un ejemplo quizás más cotidiano que mi historia al mejor estilo de Netflix. Imagina que te invitaron a dar un seminario en Londres y tu vuelo está cancelado por mal tiempo, ¿qué harías?, ¿te pondrías a pelear con el personal de la aerolínea o verías la posibilidad de hacerlo vía *online*?, ¿elegirías devolverte el poder y el control en donde sí lo tienes, en buscar soluciones, o te enfocas en el problema?

Todo, absolutamente todo, tiene solución y alternativas y, créeme, tú tienes todas las respuestas. Solo tienes que tener el enfoque correcto y hacerte las preguntas correctas.

El triángulo de las emociones

Las emociones tienen tres ángulos que defino como: evento, interpretación y emoción. La emoción en sí misma es una consecuencia de la interpretación que le das a los eventos. El evento —ya te dije—, es siempre neutral, tú eres quien le da significado dependiendo de tu interpretación y muchas veces va a depender de las heridas o traumas que lleves encima, de tus creencias limitantes, tus experiencias previas y tu nivel de autoestima.

Por ejemplo, si tienes una baja autoestima e invitas a una persona a salir, pero esta se niega, inmediatamente vas a interpretar que no eres importante, que no eres suficiente y te vas a sentir rechazada. Pero si, por el contrario, tienes autoestima y una persona se niega a salir contigo, vas a deducir que la otra persona está muy ocupada o tiene algo impostergable que hacer y no te va a afectar tanto su negativa. Ahora bien, de la historia que te cuentes, de esa interpretación del evento, viene la emoción.

Un día cualquiera estuve atendiendo el caso de una clienta que estaba pasando por un proceso de divorcio y esta situación le generó un ataque de pánico. Cuando le pedí que me contara qué pensamientos estaba teniendo cuando el ataque de pánico sucedió, resultó que la historia que se estaba contando era de terror: «Mi familia está arruinada, jamás volveré a casarme, me voy a quedar sola por el resto de mi vida, mi exesposo se va a casar con una mujer más joven, moriré y mis hijos se quedarán al cuidado de una madrastra malvada».

Su divorcio no se va a detener, ese evento no se puede cambiar, pero lo que sí se puede cambiar es la historia que se cuenta, y a partir de esa historia que se cuenta a sí misma puede mejorar su realidad y la forma en la que se va a sentir.

El miedo imaginario, tu peor enemigo

El miedo es un paralizador, el más grande de todos los matadores de sueños, que no te deja avanzar porque representa una barrera imaginaria que impide que vayas más allá, que salgas de tu zona de confort, pero tu mejor versión se encuentra del otro lado de esa barrera.

A mí me gusta pensar que el miedo es una alerta para mostrarnos el camino correcto. Cuando siento miedo sé que estoy saliendo de mi zona de confort, sé que estoy creciendo, así que lo uso a mi favor para potenciarme e impulsarme.

Vamos a identificar primero qué son los miedos y de dónde vienen. El miedo nace como una forma de protegernos, pero me gustaría hacer una aclaratoria importante porque es algo de lo que realmente necesitas ser consciente. Por un lado está el miedo real, que es el que se presenta cuando estamos ante en una situación de peligro.

Por ejemplo, si estás caminando sola de madrugada por un lugar oscuro y desolado y sientes miedo, ese emoción te alerta de que podrías estar en una situación de riesgo, el miedo te está alertando.

Lo repito, en una situación así este miedo es real y está ahí para protegerte y prevenirte de una desgracia. Pero también existe otro tipo de miedo. A mí me gusta llamarle miedo imaginario porque, a diferencia del miedo anterior, con este tipo de miedo te estás imaginando una situación catastrófica en la que te trasladas al futuro y te imaginas el peor escenario en una situación que todavía no ocurre. Por ejemplo, quieres emprender, te gustaría tener tu empresa, ser tu propia jefa, estás llenas de ilusiones al principio, pero a medida que va pasando el tiempo y tu proyecto va tomando forma te entran dudas como: ¿será que voy a poder?, ¿será que estoy lo suficientemente capacitada?, ¿será que las personas van a comprar mis servicios o productos?, ¿será que estoy haciendo bien en invertir todos mis ahorros en esto?

Luego de las dudas vienen los miedos: ¿y si invierto todos mis ahorros y me va mal?, ¿y si abro un local y nadie me compra?, ¿y si mis amigos y mi familia se ríen de mí?, ¿y si fracaso?, ¿y si me convierto en el hazmerreír de todos?

De a poco tu mente deja de lado la ilusión y la alegría de emprender y te lleva al peor escenario, una película de terror donde fracasas, donde perdiste todos tus ahorros y donde tus conocidos te tildan de ser una fracasada. Esto no está sucediendo, pero tú ya te trasladaste al futuro y te imaginaste el peor escenario.

A consecuencia de esto, ahora estás muerta de miedo y no quieres hacer nada, ya no estás tan segura de emprender, tienes dudas sobre ti, te empiezas a poner excusas, empiezas a ser negativa y, en conclusión, terminas no haciendo nada, quedándote en tu zona de confort, donde no hay riesgos, pero tampoco ganancias. Esto se llama miedo imaginario y para mí es uno de los matadores de sueños más grandes.

Empieza ahora a separar los miedos reales de los imaginarios y toma a los miedos imaginarios como un ¡totalmente sí! Es decir, si sientes miedo imaginario tómalo como el camino correcto para salir de tu zona de confort, porque, lo que sucede es que estás cambiando, estás creciendo y es normal sentir miedos.

Como te expliqué unas líneas atrás, uno de los miedos más paralizadores es el miedo al fracaso, miedo a intentar cosas nuevas por temor a que nos salgan mal: mudarnos, empezar una nueva relación, tener un bebé, aprender a manejar un vehículo, etcétera.

Este miedo se puede expresar de distintas maneras, por ejemplo, siendo muy perfeccionista, abandonando nuestras metas, postergando lo realmente importante, y también puede ser causado por eventos traumáticos o una excesiva crítica de parte de tus padres, profesores, mentores o compañeros de vida.

«Si sientes miedos, tómalos como una señal de que estás saliendo de tu zona de confort, estás cambiando, estás creciendo...».

Si ahora mismo estás frente a un reto hazte la pregunta: ¿es peor intentarlo y, en el peor de los casos, fracasar o no intentarlo y quedarme con la duda por siempre? El fracaso quizás no sea tan malo como lo piensas, es más, cuando algo no sale como quieres, no lo veas como un fracaso sino como un aprendizaje, como una posibilidad de volver a intentarlo de nuevo. El único fracaso verdadero es renunciar y no intentarlo.

Ya te conté que por muchísimos años tuve miedo al rechazo (otro miedo muy popular), debido al abandono de mi padre. Este tipo de miedo nos hace pensar que debemos andar por la vida complaciendo a todo el mundo para sentirnos aceptados.

La principal característica de este tipo de personas es que no saben poner límites. Pues, siendo portadores del miedo al abandono y a la soledad, hacen hasta lo imposible para complacer al mundo entero, algo que es imposible, lo cual termina creándoles dificultad para expresar verdaderos sentimiento y deseos.

Las personas que tienen miedo al rechazo no se muestran realmente como son, se adaptan a su entorno para no ser rechazadas. Son sujetos que no se expresan con sinceridad y están todo el tiempo pretendiendo para alcanzar aceptación.

¿Cómo crees que vive una persona que escoge su vestuario, la música que escucha, las películas que ve, la comida que disfruta y su rutina en general sobre la base de lo que su pareja, sus amigas o familiares desean?

Tienes que entender algo, no podemos agradarle a todo el mundo, es imposible, ni siquiera Jesús lo logró, como suelen decir por ahí: «No somos dulce de leche para gustarle a todo el mundo». A propósito de esto, déjame decirte algo: está bien que no todo el mundo te quiera, está bien que no todo el mundo te acepte, está bien que no todo el mundo esté de acuerdo contigo. Cuando realmente te liberes de este miedo al rechazo será increíble el poder que se va a encender dentro de ti.

Cuando empecé a estudiar *coaching*, esa fue una de las primeras cosas que tuve que aprender: no todo el mundo me va a aceptar y está bien. Si no hubiera podido superar este miedo jamás hubiera podido estar donde estoy, y no solo por la exposición en las redes sociales, sino también porque yo soy el producto. Una persona que toma sesiones de *coaching* conmigo o uno de mis programas lo hace porque se siente identificada conmigo, porque le gusta mi manera de hablar, de expresarme, de ser. Sin embargo, hay personas que jamás tomarían sesiones de *coaching* conmigo exactamente por la misma razón.

Si no tienes claro esto vas a vivir estresada, tratando de ser una persona que no eres para agradarle a todo el mundo. Es importante que entiendas que en este mundo va a haber muchísima gente que te quiera y que te acepte y también va a haber muchísima gente que no. Y eso está bien, lo que no está bien es que no seas esa persona que no se quiere, que no se acepta a sí misma.

En este punto lo importante es poner límites (más adelante te diré cómo), para que puedas sacar tu verdadero potencial. Es decir, reconocer que tienes un miedo, identificar de qué tipo es, ver de dónde viene y ¡a trabajarlo!

«Cuando realmente te liberes de este miedo al rechazo será increíble el poder que se va a encender dentro de ti».

Cambia sin miedo

Otro miedo paralizador que merece un punto y aparte es el miedo al cambio, ese que viene de personas que necesitan tener todo bajo control, a quienes no les gusta lo desconocido y se quedan en una relación tóxica o se quedan aferrados al pasado. Algunas causas de ese miedo pueden ser: el exceso de cambios en la niñez (cambio de posición económica, mudarse continuamente, lo que genera inestabilidad o tras haber vivido algún evento traumático como la pérdida de un ser querido).

Ahora, hablemos de cómo superar un miedo, porque seguro piensas: «Todo bien, Yani, pero el miedo sigue ahí, ¿no? Sea imaginario o real, el sentimiento de miedo, ¿cómo lo supero?».

Voy a ser muy sincera y clara contigo: no existe un secreto para superar el miedo, no hay una fórmula mágica, no hay una herramienta escondida que te voy a relevar. Lo único que puedes hacer es plantarle la cara.

Como te mencioné anteriormente, debido a una mala experiencia que viví cuando era pequeña pasé muchos años sintiendo miedo a hablar en público, tenía tanto miedo y vergüenza que jamás aparecí hablando en redes sociales, ni siquiera en Facebook, cuya cuenta usaba solo con mis amigos y mi familia.

Podía posar haciendo caritas como mucho, pero jamás decía ni siquiera hola. No me gustaba mi voz, no me gustaba mi tonada, no me gustaba la manera en la que armaba las oraciones. Hablo cuatro idiomas, en ocasiones me confundo con las palabras y para mí esto era una imperfección, todo esto era una limitación, no me sentía capaz, lo que a su vez me llevaba a sentir miedo y a paralizarme.

Al empezar a trabajar en las redes sociales no me quedó otra cosa que superar este miedo, ¿cómo lo hice? Mirando a la cámara y diciéndome: «Esto me va a salir sea como sea». Empecé a prepararme, a tomar cursos para hablar frente a la cámara, a buscar aplicaciones de grabación y edición. Esta preparación constante me ayudó a afrontar mis miedos con un poquito más de seguridad.

Al principio te vas a poner mil excusas, lo sé porque me pasó a mí, tu mente te va a decir mil cosas para que no tengas que afrontarte con ese miedo y va a hacer todo lo posible para que renuncies.

Yo, con tal de no grabar un video, me ponía mil excusas: tu pelo no está bien, tienes que hacerte manicura, tu cara está hinchada, tu maquillaje no se ve bien, la luz está fatal, necesitas comprarte primero un micrófono, necesitas teñirte el cabello porque se ven las raíces. Y la lista sigue y sigue...

¿Cuántas de estas cosas te dices a diario para no enfrentarte a tus miedos? ¡Y lo peor es que no te das ni cuenta!

Al principio yo escuché todas esas excusas y mentiras que me decía, y así dejé pasar los días y las semanas sin avanzar, sin hacer lo difícil, lo que me iba a sacar de mi zona de confort, hasta que reconocí el patrón, identifiqué que yo misma me estaba poniendo excusas y las excusas no pararon, hasta el día de hoy siguen ahí, pero la diferencia está en que ya no las escucho.

Sigo, sigo y sigo con excusas, y hasta con miedos muchas veces, pero no les presto atención y mucho menos dejo que me frenen. Esa es la única manera de superar los miedos.

Otro error gran error que no puedes cometer es el de escuchar las opiniones de los demás. Nadie sabe de tus capacidades, ni siquiera tú sabes bien lo que puedes llegar a alcanzar. Hay personas que te quieren tanto, tanto (como tu mamá) que te van a dar una opinión equivocada con tal de protegerte, y ahí terminamos siempre en el mismo lugar: la zona de confort. Mientras que por otro lado habrá personas que reflejarán en ti sus propios miedos e inseguridades.

Personalmente lo que hago yo es: no escuchar a nadie, a menos de que se trate de alguien que me inspire, de un mentor, de alguien que ya logró lo que yo quiero alcanzar. El resto de las opiniones para mí no cuentan.

Desafíos que atascan tus sueños

Como ya lo sabemos, hay situaciones imposibles de cambiar: la economía de un país, la muerte de un ser querido, una enfermedad, lo que la gente piensa, dice o deja de pensar y de decir. No tenemos control sobre ninguna de estas cosas y tenemos que tener cuidado con no volvernos víctimas de las circunstancias.

Tomar el control nos desafía a dejar el papel de víctimas y nos lleva a convertirnos en personas victoriosas. Una mujer no puede tener confianza en sí misma si no tiene control sobre su vida, y para tener control sobre su vida tiene que entender dos cosas: hay situaciones que se encuentran dentro de su círculo de poder y hay otras que no, y aun en esas que no puede controlar tiene control porque puede elegir su forma de reaccionar ante ellas.

¿Cómo afrontarías una pérdida económica?, ¿lo vas a hacer desde el rol de víctima —donde no tienes poder ni control—, o vas a asumir el rol de victoriosa, que es tomar el control de la manera en la que vas a sentirte y actuar? Dependiendo del rol que elijas va a ser tu resultado. Si eliges el rol de víctima tienes muy pocas opciones sobre lo que puedes hacer, porque no tienes control, estarás sometida a la circunstancia, pero si eliges el rol de victoriosa tienes total control de cómo te vas a sentir, de cómo vas a actuar.

El COVID-19 vino a cambiar nuestras vidas por completo, con su llegada al mundo hubo un antes y un después, este mismo evento afectó a las personas de manera distinta, muchos perdieron su empleo y entraron en depresión. Otros, sin embargo, empezaron a buscar alternativas, se reinventaron y crearon nuevas formas de hacer crecer sus finanzas.

Por ejemplo, si ahora mismo tomo mi celular y empiezo a sacar fotos de cosas que hay en mi oficina: como el ramo de girasoles que tengo sobre el escritorio, mi ordenada biblioteca, los cuadros de motivación, el paisaje hermoso del canal que se ve desde mi ventana. Si te muestro estas fotos tal vez pensarás: «¡*Wow!*, qué oficina tan hermosa y ordenada».

Ahora, si con la misma cámara y en la misma oficina tomo fotos de las zapatillas que dejé detrás de la puerta, una esquina de la pared con la pintura ya estropeada, unos papeles desordenados que están detrás de la impresora, ¿tu opinión seguiría siendo la misma? ¿Seguirías pensando ¡*wow!*, qué oficina tan hermosa y ordenada?

La realidad no cambió, la oficina es la misma en las dos fotos, lo que cambia es el enfoque. Y esta elección de enfoque la tienes a diario, en cada minuto de tu día. Tú eliges en qué enfocarte: en lo positivo o en lo negativo, y créeme, por más mala o negativa que sea tu situación, hay algo de positivo que puedes encontrar, solo tienes que buscarlo.

Un proceso de divorcio, que sin duda es doloroso o por lo menos lo suficientemente incómodo, puede convertirse también en una oportunidad, porque, algo que es tan negativo puede terminar siendo una bendición, pero eso depende de ti. ¿Te vas a quedar estancada en el problema tomando un papel de víctima o vas a buscar soluciones enfocándote en lo positivo y en lo que sí funciona en tu vida?

Dale la vuelta. Si no puedes ser feliz con lo que tienes, con quien eres, con el lugar donde estás ahora, tampoco vas a poder ser feliz cuando logres tus objetivos, cuando superes ese desafío, cuando ganes más, cuando te den ese ascenso o cuando tengas el trabajo deseado, o cuando conozcas a la persona «correcta» para tener una relación amorosa.

¡No! Si no aprendes a dominar tu enfoque con lo que tienes ahora, NUNCA vas a sentirte satisfecha, aunque tu situación mejore. ¿Cuántas personas hay que podrían afirmar que lo tienen todo para ser feliz, fama, dinero, poder, gente que los quiere y, aun así, terminan suicidándose o recurriendo al alcohol o a las drogas para sentirse bien? Esto indica que independientemente de sus condiciones externas, lo que tienen que hacer es entrenar su mente para ver lo positivo de la vida, inclusive cuando nada parece andar bien.

Alguna vez habrás escuchado esto: «Dios no va a permitir que tengas una prueba más allá de tus fuerzas». Esto se encuentra en 1 Corintios 10:13 (RVR, 1960). Pues bien, no dejes que los problemas sean más grandes que tú. Todo tiene una alternativa, únicamente hay que salir a buscarla.

«Si no puedes ser feliz con lo que tienes con lo que eres y con el lugar donde estás ahora tampoco vas a poder ser feliz cuando logres tus objetivos, cuando logres convertirte o tener eso que quieres».

Nunca faltan las personas tóxicas

¿Cómo es una persona tóxica? Pues bien, existen indicios claves de que estamos cerca de una persona tóxica, seguramente nos sentiremos desganadas, frustradas, cansadas y con dolor de cabeza. Su presencia nos consume y nos hace sentir sin energía, porque las personas tóxicas están todo el tiempo quejándose o molestas por absolutamente todo.

¿Ya aprendiste a identificarlas? Se trata de personas sumamente negativas que están enfocadas en los problemas, no intentan salir de esa situación que los aqueja y se reflejan como víctimas. Para ellas nada es su responsabilidad, todo proviene de una causa externa y se ven, por supuesto, por encima del resto de las personas, a las que obligan a atender primero las necesidades de ellos.

Son personas egoístas y egocéntricas, es imposible conversar con este tipo de personas porque constantemente están haciendo un monólogo de sí mismas. No suelen tomar riesgos, para nada son fuente de inspiración y como son «sabelotodos» se muestran arrogantes, critican siempre a las personas que se arriesgan y que toman acciones.

Es el tipo de personas que, cuando les comentas sobre un proyecto que tienes en mente, te dicen cosas como: «Ni se te ocurra, es muy arriesgado, vas a perder todo tu dinero, no vale la pena, vas a fracasar». También son de las que pasan mucho tiempo hablando negativamente de los demás (y a sus espaldas) y que nunca tienen una palabra inspiradora para nadie.

Camino de tu liberación, empoderamiento y libertad debes aprender a lidiar con las personas tóxicas y, en algunos casos, incluso, aunque suene extremo, tendrás que alejarte de ellas, aunque consideres que son muy importantes para ti.

Poniendo límites a la toxicidad

No saber poner límites a las personas tóxicas afecta nuestra autoestima y nos impide avanzar dependiendo de la relación que tengamos con ellas. A veces se trata de un desconocido en redes sociales al que simplemente con bloquearlo lo alejas de tu vida, sin embargo, cuando se trata de alguien cercano a ti puede ser más complicado.

Pese a lo anterior, nadie —sin importar el título que ostente—, tiene derecho a imponerse sobre ti, nadie tiene el derecho de hacerte sentir mal, robar tu paz mental, crear drama y traer estrés a tu vida.

Es muy importante que identifiques quiénes son estas personas tóxicas en tu vida y que marques límites. Te podrá parecer imposible hasta pensarlo, porque en general las personas tóxicas son muy demandantes, quieren siempre tener la atención y tener la prioridad en la historia de los otros. Por eso el paso número uno es no darles atención inmediata.

Empieza a poner límites con pequeñas acciones. Si esa persona tóxica te envía un mensaje diciéndote: «Llámame ya» y tú dejas de hacer todo lo que estás haciendo en ese momento, estás poniendo tu tiempo y disponibilidad en sus manos.

¡Y eso aplica para todo el mundo! Aprende a no estar siempre disponible para todos, todo el tiempo.

Está bien contestar el mensaje más tarde o devolver una llamada luego, pero no dejes que otras personas manejen tu tiempo, te desconcentren y te saquen de foco. Tú eres la dueña del control remoto de tu vida, pero si estás siempre a disposición de todo el mundo, te terminarás dejando en segundo lugar, terminarás entregando el control remoto de tu vida a otros.

«Nadie tiene el derecho de hacerte sentir mal, de robar tu paz mental, de crear drama y traer estrés a tu vida».

Otra característica de las personas tóxicas es que atacan tus puntos débiles, así que jamás te tomes personal nada de lo que te digan. Van a intentar arruinar tus sueños y lo mejor que puedes hacer en tu defensa es ser indiferente.

A menos que ellos reconozcan su debilidad y quieran cambiar, tú no puedes cambiar a una persona tóxica, intentar ayudarla si no quiere ser ayudada o llegar a la confrontación, porque son intentos en vano, sobre todo, invertir tiempo y energía en mostrarles que están errados o ganar una discusión con ellos, será imposible.

Jamás entres en ese círculo de toxicidad y ten en cuenta que la toxicidad se contagia. Cuánto más tiempo pases con una persona tóxica más susceptible eres de convertirte en una. Yo, por lo general, recomiendo el mínimo contacto con ese tipo de personas, aunque, como dije, hay ocasiones en las que es inevitable.

Una de mis primeras experiencias laborales tuvo lugar en una agencia de viajes. El propietario tenía muy mala fama de no pagar a tiempo a sus empleados, claramente esta es una acción muy tóxica, pero yo necesitaba el trabajo así que decidí poner límites antes de firmar contrato, en la entrevista aclaré cuáles eran mis condiciones: mi salario no podía ser pagado después del día diez de cada mes. «Si para el día once no tengo el cien por ciento de mi salario, no cuenten conmigo a partir de ese día porque no me voy a presentar a trabajar», les dije.

Puse mi límite y, acto seguido, fui la única empleada en cobrar siempre su salario al día. Más adelante terminé renunciando, porque ya se pueden imaginar lo tóxico que era el ambiente donde los empleados tenían que suplicar por su salario y en mi caso tener que mentir diciendo que mi trabajo no había sido pagado a tiempo.

Marcar límites desde el principio es fundamental y esto aplica a todo: trabajos, relaciones de pareja, de amistad y familia. No tengas miedo de poner tus condiciones y ser muy clara con lo que quieres y también con lo que no quieres. También es extremadamente importante que cumplas con los límites que marcaste, cumple tus promesas, de lo contrario, lo que dijiste se pierde, rompes las murallas que creaste y dejas que sea atravesada por todos.

Si yo me hubiese presentado a trabajar el día once aun sin recibir mi salario en el tiempo marcado, hubiera demostrado con acciones que lo que digo no vale, que no tengo fortaleza para sostener mis límites, y esto para las personas tóxicas es un acto de debilidad y una invitación a la manipulación.

¿Qué hacer con las críticas?

Las críticas son inevitables, te gusten o no. Es imposible caerle bien a todo el mundo, así que olvídate de intentar que la gente guste de ti. No puedes pretender que todo el mundo te caiga bien, ni que tú le caigas bien a todo el mundo.

Ahora bien, a nadie le gustan las críticas, pero hay una crítica a la que tenemos que prestar atención y ser realmente abiertas a recibirlas, porque nos ayuda a crecer y a ser mejores personas, estas son las críticas constructivas. Claramente, la principal característica de una crítica constructiva es que debe venir de personas que hayan construido algo.

No falta la amiga que jamás se casó o tuvo cinco divorcios y viene a cuestionar la fórmula con la que manejas tu vida familiar. O tu mamá, quien quizás jamás tuvo un emprendimiento propio, pero opina de cómo deberías gestionar el tuyo. Y lo digo con mucho amor, no escuches la crítica o la opinión sin antes preguntarte de quién viene. Pregúntate: ¿es un ejemplo a seguir esta persona para mí?, ¿tiene la vida que me gustaría tener?, ¿tiene experiencia y conocimientos que fundamentan su opinión? Si la respuesta es no, esa crítica definitivamente es destructiva.

Muchas personas hablan desde la carencia cuando critican. Una crítica destructiva nace desde la irritación de ver que alguien tiene o es lo que a ti te gustaría tener o ser. Por ejemplo, si tu amiga soltera critica tu matrimonio, es probable que lo haga porque en el fondo tienes algo que a ella le gustaría tener.

«No puedes pretender que todo el mundo guste de ti, ni a ti misma te gusta todo el mundo».

Cuando leo alguna crítica destructiva en mis redes sociales puedo fácilmente identificar las carencias, las creencias limitantes o la experiencia de la persona que está escribiendo.

Te digo esto porque tienes que entender que cada palabra que sale de ti, te describe a ti, describe lo que piensas, las experiencias que tuviste, las carencias que tienes, las creencias limitantes que acarreas. Todo lo que digas siempre te va a describir a ti y no a la persona que estás criticando.

No atraemos lo que queremos, atraemos lo que somos, así que para alejar a personas tóxicas de nuestra vida y empezar a atraer personas positivas tenemos que convertirnos en una mejor versión, dejar el chisme, el drama, la envidia, los celos y las críticas, y sobre todo empezar a hablarnos bonito.

Antes de criticar pasa los tres filtros de Sócrates y pregúntate:

- ¿Es verdad lo que estoy por decir de esta persona?
- Lo que estoy a punto de decir, ¿tiene una buena intención?
- ¿Es realmente útil mi comentario?

Si al hablar de alguien vas a propagar un rumor o tienes una intención negativa que no hará crecer ni mejorar a esa persona, entonces ABSTENTE de hablar. Recuerda: todo lo que das, lo recibes. Todo lo que pones en el universo vuelve a ti.

Ahora sigamos con el tema de las críticas destructivas. Veamos, ¿cómo responder ante la crítica destructiva? Como te mencioné anteriormente, lo mejor es no caer en ese círculo tóxico en el que tú respondes con un insulto y luego recibes otra ofensa. Si tú respondes un ataque contraatacando, recibirás otro ataque y así rápidamente entras en un círculo tóxico.

Hay estrategias para marcar límites con cortesía. Una de ellas es responder con amabilidad y gratitud. Esto deja a las personas tóxicas «descolocadas», pues, si halagas o dices algo positivo es imposible que continúe la conversación con toxicidad.

Me ocurre en este caso que, si leo un comentario que sé que viene desde la negatividad, siempre respondo con un «gracias, te envío mil bendiciones». Contesto positivamente, les mando amor y bendiciones, porque sé que realmente lo necesitan. No dejo que el comentario me afecte, porque como te dije anteriormente, se están describiendo a ellos mismos, no a mí.

Digamos que tienes una «amiga» que siempre te critica de manera chistosa, y tal vez está de más decirte que esta es una estrategia que usan las personas tóxicas para criticarte y tirarte para abajo, lo hacen en modo de chiste para pasar desapercibidos. Lo que puedes hacer es contestarle con una pregunta para ponerla en evidencia, por ejemplo, si te dice: «No sabía que era Halloween, ¿de qué te disfrazaste?». Tu respuesta podría ser: «No, no es Halloween para nada, se llama tener estilo propio. ¿Qué es lo que específicamente no te gusta? Porque a mí, personalmente, me encanta y me define».

De esta manera no solo estás confirmando que su comentario no te afectó, por ende, falló en el intento de lastimarte, también estás demostrando que tú estás feliz con tu elección de vestuario y, además, le estás pidiendo una aclaración más detallada de su comentario. Esta situación sin dudas pondrá incómoda a quien esperaba criticarte de manera desapercibida con un mal chiste.

Finalmente, nunca concuerdes con alguien que tiene malas intenciones con sus comentarios. Si le das la razón diciendo cosas como, por ejemplo: «Me puse lo primero que encontré», estarás abriéndole la puerta a esa persona para que libremente continúe con ese tipo de comentarios.

Último consejo al respecto: jamás vas a poder evitar las críticas, así que vive libremente, exprésate sin preocuparte, sé tú misma, sé auténtica, el mundo necesita de tu verdadera yo.

III

ENFOCA TU MENTE Y BÁJALE EL VOLUMEN AL RUIDO EXTERNO

No tienes que ser grande para empezar, pero tienes que empezar para poder ser grande.

Zig Ziglar

Consigue una mentalidad imparable

Para alcanzar el *mindset*, esa mentalidad imparable que te conducirá al éxito, debes enfocarte primero en tener claridad. Insisto, debes tener dirección y saber con exactitud a dónde quieres ir y qué quieres lograr.

Un gran error que cometen la mayoría de las personas es que obvian el primer y más importante paso y, en consecuencia, viven en automático; nunca están satisfechos porque no logran lo que quieren y esto ocurre porque no se fijan con claridad en cuál es su destino final, en lo que quieren conseguir.

Los seres humanos, desde que nos levantamos, entramos en una agitada rutina: desayuno (o ni siquiera eso), llevar a los niños al colegio, ir al lugar de trabajo para pasar allí entre ocho y diez horas, y finalmente volver a casa, y hacer lo mismo día tras día. Lo más triste de todo es que la mayoría de las personas gastan su recurso más importante (el tiempo) sin acercase ni un poquito a donde quieren llegar.

Si es tu caso, y tooodo eso que hiciste en un día no te acerca, ni aunque sea un poquito a donde quieres llegar, lamentablemente estás desperdiciando tiempo, energía y hasta tu vida.

Piensa en ese ejemplo que te di de la persona que toma un taxi sin saber cuál será su destino. Da vueltas y vueltas, gasta dinero, energía y tiempo sin llegar a ningún lado. De forma similar viven la mayoría de las personas en el mundo: sin rumbo, sin dirección.

¿Quieres cambiar eso? Pues bien, te agradará saber que en este capítulo pienso darte herramientas que te permitirán tener una mayor claridad acerca de qué es lo que anhelas para ti, tu verdadero porqué detrás de eso que deseas y, por último, te diré cómo lograrlo en tres simples pasos que te voy a especificar a continuación.

Paso 1: ¿A dónde quieres ir?

Tienes que entender que tú eres la responsable de tu vida, ¡nadie más! Olvídate de los príncipes que llegan en un caballo blanco a golpear la puerta a entregarte tus sueños cumplidos en bandeja de plata. ¡No! Tú eres la única dueña de tu éxito o tu fracaso. Y con esto me refiero a lo que estuvimos hablando en el capítulo anterior, a salir del rol de víctima y no esperar que un milagro o que «esa» persona venga a salvarte y a darte la vida que siempre soñaste.

Te lo digo por experiencia. Yo, por muchos años, no creí en mí; no me vi capaz de lograr por mí misma la vida que siempre soñé, no confié en mí ni en mi inteligencia, ni en mi capacidad; ingenuamente soñé con que «alguien» o «algo» iba a cambiar mi realidad e iba a resolver mis problemas. Pero el tiempo y la vida me enseñaron que no es la responsabilidad de nadie, ni nada de eso pasará. Dios me creó exactamente con todo lo que necesito para lograr todo lo que quiero en la vida y como me lo dio a mí, también te lo dio a ti y al resto de los seres humanos.

El problema está en que la mayoría no tiene confianza ni seguridad, ni autoestima, se terminan conformando con menos, encerrados en creencias limitantes, aterrados por sus propios miedos e inseguridades y viviendo una vida que no merecen.

Yo creo firmemente que Dios nos puso en este mundo para que vivamos una vida llena de abundancia y felicidad. Él no nos puso aquí para que vivamos deprimidos, con carencias, siendo unos miserables, y ¡ojo que esto no significa que no existan los problemas o los desafíos!, ¡claro que sí! Es más, Él mismo nos pone ante distintos desafíos para ayudarnos a crecer, a ser mejores y direccionarnos hacia el camino correcto.

El problema está en que muchas personas se quedan en el papel de víctimas, enfocadas en el problema, dándole atención a lo negativo y al drama. No trabajan en sanar, en soltar, en perdonar y, en consecuencia, viven atrapados en una vida que no merecen, pero doy fe de que sí se puede salir de ahí.

Cada día es una oportunidad nueva para redirigir tu vida, cada día Dios nos da una nueva oportunidad para poder intentarlo. Mientras estés respirando ¡nunca es demasiado tarde! Y el primer paso empieza con la pregunta: ¿qué quiero para mi vida? No es la casualidad la que debe dirigir ni mucho menos dominar tu existencia, eres tú misma.

«Nadie va a venir a salvarte ni a darte la vida de tus sueños».

Soñar no es suficiente

Al responder a la pregunta anterior: ¿qué quiero para mi vida?, seguramente dirás: quiero un auto, una casa propia o una casa más grande de la que ya tengo, ganar muuuucho dinero, viajar por el mundo, conocer al hombre de mis sueños, casarme, tener hijos, tener más tiempo libre, etc., etc.... La lista puede ser infinita, pero nada de lo que pongas en ella importa porque son solo sueños, y los sueños solo se cumplen si tienes suerte o si ocurre un milagro.

¿Cuáles son las probabilidades? ¿Crees que vas a tener la vida que quieres dejando todo al azar, a la suerte? Esta definitivamente no puede ser tu opción porque las probabilidades son muy bajas. Tengo una mejor alternativa, un método efectivo que te ayudará a lograr absolutamente todo lo que te propongas, lo que sea. Antes de contarte los tres pasos para lograrlo quiero aclararte que hay una condición que tienes que cumplir sí o sí, y es ¡nunca renunciar!

Otro punto importante que debes tener clarísimo antes de continuar es reconocer que tu pasado no te define. Lo que has hecho hasta ahora, el camino que llevas andado, no determina ni quién eres, ni tu capacidad, ni tampoco lo que vas a lograr.

Eres una persona poderosa, fuerte, valiente. No hay nada en este mundo que te impida lograr lo que quieres, tienes el poder de aprender todo lo que necesitas para alcanzar tus objetivos y no hay nada que no puedas hacer con estudios, preparación, esfuerzo y, en especial, con constancia. ¡Pon todos estos ingredientes en un bol y cocinarás el éxito!

Así que enfoquémonos en el primer paso, que es identificar qué es lo que quieres para tu vida. Te invito a hacer una lluvia de ideas, a tomar papel y lápiz y escribir cuál es tu mayor propósito, qué es lo que te motiva, qué sueños tienes... Para ayudarte haz el ejercicio de imaginar que tienes una máquina del tiempo con la que puedes viajar al futuro, un futuro perfecto e ideal para ti, y dime cómo te ves, qué tienes a tu alrededor, cómo te hablas, cómo son tus relaciones, cómo son las personas que te rodean y cómo es tu trato con ellas, cómo vives, cómo es el auto que manejas. Toma una pausa en la lectura y escribe o dibuja (como prefieras y como te sientas más cómoda) cómo es tu mundo ideal.

El siguiente paso es convertir esos sueños en metas definidas y alcanzables, teniendo en cuenta que los sueños dependen de la suerte (seré millonaria si con suerte me gano la lotería, por ejemplo) y las metas son las que realmente se pueden lograr, por eso pasaremos todos tus sueños a metas. Ahora bien, para que una meta sea considerada meta tiene que tener cinco características fundamentales:

1. **Tiene que ser específica:** Cuanto más clara, detallada y específica sea una meta, mayor será la probabilidad de alcanzarla. De manera que, si deseas una casa de dos plantas, debes establecer cuánto vale, dónde la quieres, si la vas a comprar o a hacer tú misma, de qué color la deseas, cuántos metros cuadrados va a tener, cómo van a estar delimitados los espacios, etc.

Todo esto te va a ayudar no solo a tener claridad, sino que también te va a permitir activar la ley de la atracción. Otro ejemplo puede ser si quieres tener pareja, entonces, debes definir qué clase de persona deseas para tu vida, cuáles quieres que sean sus valores, sus ideologías, su poder adquisitivo, su estatus laboral o profesional, empresarial, sus propósitos y planes en conjunto, su religión, etc. Cuanta más claridad tengas, más fácil te será dar con esa persona ideal y pegarle al «blanco».

2. **Tiene que ser medible:** Es importante que tu meta sea medida con un número, ya que esto te ayudará a verificar su progreso. Aquí tienes un ejemplo, imagina que tu propósito es lograr una figura más esbelta o más definida, piensa, ¿cómo lo vas a lograr? Plantéate primero un peso ideal y define cuál es el número específico de kilos que necesitas bajar en tres meses, ¿quince, tal vez? Aquí lo fundamental es asignarle un número a ese sueño para que a partir de ahí puedas establecer metas tales como: «Voy a bajar cinco kilos en un mes, lo cual equivaldría aproximadamente a un

kilo doscientos gramos a la semana». Medir tu progreso te ayudará a darte cuenta de que si la estrategia que estás usando es o no la más acertada.

Muchas personas renuncian antes de conseguir sus objetivos debido a que no perciben los resultados que quieren, piensan que no tienen la capacidad para alcanzarlos, sin embargo, lo que ocurre es que no están tomando el plan de acción correcto y no están midiendo los resultados mes a mes, semana a semana, para determinar el buen desempeño de su plan de acción. La mayoría de las veces no falla su capacidad, sino que simplemente hay que cambiar las acciones que se toman.

3. **Tiene que ser alcanzable:** Una meta obviamente tiene que ser realizable y no una fantasía, porque de lo contrario solo terminarás frustrada. Aun así, es necesario que te aclare que una meta debe ser desafiante y debe sacarte de tu zona de confort para que puedas crecer y llegues hasta eso que quieres alcanzar.

Supongamos que quieres ser la abogada mejor pagada de tu ciudad. Esta no puede ser una meta para ti si aún no has iniciado la carrera de Derecho, necesitas primero alcanzar una serie de pasos previos como matricularte, esforzarte, ser la mejor de tu clase, graduarte con honores.

En la medida en la que vas cumpliendo ciertos objetivos plantéate otros, a corto, mediano y a largo plazo. De manera que ese sueño que tenías en un comienzo: ser la abogada mejor pagada de tu ciudad, pueda estar delimitado más o menos así... A corto plazo: graduarte con honores, y a mediano plazo: alcanzar prestigio profesional.

4. **Tiene que ser relevante:** Esa meta que tienes en mente tiene que ser realmente importante para ti, debe motivarte y debes desear alcanzarla desde lo más profundo de tu ser o desaparecerá muy pronto y no querrás invertir tiempo en ella. La relevancia de esta meta es tu «¿para qué?»: ¿para qué quieres casarte?, ¿para qué quieres ser mamá?, ¿para qué quieres independizarte económicamente?, ¿por qué quieres bajar de peso?, ¿por qué quieres viajar por el mundo?

No te quedes con la primera respuesta que se te venga a la mente, si tu respuesta es: «Quiero casarme para formar una familia sólida y estable», sigue preguntando ¿por qué?: ¿Por qué quiero tener una familia sólida y estable? Luego, haz lo mismo con la respuesta a esta pregunta. Las preguntas y respuestas al respecto las tienes solo tú.

5. **Tiene que tener un tiempo de culminación:** Si no te pones un tiempo determinado para lograr esa meta no habrá apuro ni prisa, y si no hay prisa ni apuro el tiempo pasa y pasa, y de igual manera, la vida. Tienes que determinar sí o sí para cuándo vas a lograr esa meta. ¿Quieres bajar de peso?, ¿en cuánto tiempo vas a lograrlo?, ¿en cuántos meses, en cuántas semanas? ¿Quieres tener una casa?, ¿en cuál año la

tendrás? ¿Quieres un ascenso?, ¿en qué momento lo vas a lograr?

Paso 2: ¿Por qué y para qué lograr mi meta?

Una meta tiene que enamorarte, tiene que conquistarte e inspirarte, tiene que ser algo grande y tienes que tener una motivación para querer llegar a ella, llámese un porqué o un para qué.

Tu porqué va a ser tu motor, va a ser lo que te levante de la cama los días en los cuales no tengas ganas, lo que te ayudará a atravesar todos los desafíos que se te presenten, lo que te hará tener fuerzas cuando sientas que no puedes más.

Este paso es extremadamente importante, no te lo puedes saltar, y tampoco puedes conformarte con la primera respuesta que tu mente te dé. Por ejemplo, si te planteas lo siguiente: «Quiero ser mi propia jefa porque quiero tener libertad financiera», tienes que saber que esta es una respuesta superficial, este no es un porqué fuerte, tienes que ir más adentro de ese porqué, y lo vas a hacer preguntándote una y otra vez «¿por qué quiero eso?».

Por ejemplo:

- ¿Y por qué quiero libertad financiera? Porque mis hijos van a tener una mejor vida.
- ¿Y por qué quiero que mis hijos tengan una mejor vida? Porque no quiero que pasen por lo que a mí me tocó pasar.

- ¿Y por qué no quiero que ellos pasen por lo mismo que yo? Porque quiero que ellos tengan poder de elección.

Estos son porqués fuertes, motivadores y profundos. Decir: «Quiero ser mi propia jefa para que mis hijos tengan poder de elección cuando crezcan», te ayudará a tener motivación y a superar los desafíos que se te presenten en el camino, porque, créeme, para cualquier cosa que quieras lograr vas a tener que enfrentarte con desafíos y problemas.

De esta manera, teniendo una auténtica motivación, puedes aferrarte a conseguir resultados en lugar de darte por vencida con el primer traspié. Para ello debes escarbar hasta lo más profundo de tu estímulo.

¡Corre! Vuelve a tomar papel y lápiz y escribe las motivaciones que están asociadas con tus metas. No te saltes este paso, es superimportante y lo vas a necesitar para lograr todo lo que te propongas.

«Tu porqué va a ser tu motor, va a ser lo que te levante de la cama los días en los cuales no tienes ganas».

Paso 3: Hora de tomar acción

¡Ponte los patines porque vamos a pasar a la acción! Ya tienes tus metas, sabes cuáles son, cómo son y por qué las quieres, ahora viene el momento de hacerlas realidad. Desde el comienzo vengo repitiéndote que sin acción no hay cambios y ¡es así! Debemos hacer cosas diferentes para conseguir resultados distintos de los que hemos alcanzado hasta ahora.

Rezar, orar, meditar, repetir mantras o frases positivas, eso está muy bien, pero únicamente son herramientas complementarias que tienen que estar acompañas con acciones, por el contrario, no te llevarán a ningún lugar.

Tú tienes absolutamente todas las respuestas, solo debes hacerte las preguntas CORRECTAS. Piensa en ti misma como una máquina con todas las respuestas que necesitas. ¿Quieres bajar quince kilos en tres meses? Entonces, tienes que hacer la pregunta correcta: ¿qué necesito hacer para bajar quince kilos?, ¿qué hábitos tengo que cambiar? Haciéndote las preguntas correctas tu mente va a empezar a darte muchas respuestas, así que haz una lluvia de ideas de todas las respuestas que tu mente te dé.

Algunas respuestas a la pregunta anterior pueden ser: reduciendo el consumo de azúcar y de carbohidratos, vigilando el consumo de alcohol, usando las escaleras en lugar de ascensores, visitando a un nutricionista, siguiendo sus recomendaciones, yendo al gimnasio cuatro veces por semana... Haz una lluvia de ideas, escribe todo lo que te venga a la mente y luego determina cuáles de esas ideas vas a llevar a la práctica.

Ten en cuenta que cuando hagas la lluvia de ideas tienes que escribir al menos veinte ideas, y luego puedes pasar a hacer una selección de cuatro o cinco acciones para ponerlas en práctica de inmediato.

Voy a compartir contigo dos *tips* que me ayudaron a lograr muchos de mis objetivos y me llevaron a crear hábitos empoderadores.

Crea buenos y mejores hábitos

Si quieres alcanzar mayor efectividad a la hora de tomar acción, te aconsejo firmemente que tengas un planificador de actividades en el que escribas a diario el listado de cosas que tienes que hacer. El objetivo es poner un visto bueno (puede ser una «V») a cada una de esas acciones que vayas realizando durante el día y una «X» a las que hayas dejado pendientes. Esto te ayudará a tener una mayor organización de tus actividades y un control claro sobre qué hábitos tienes que mejorar o reforzar.

Recuerda una de las cosas que te he dicho desde un principio: información es poder, porque lo que no conoces no lo puedes cambiar, pero lo que conoces sí que lo puedes mejorar y de esa forma estar segura de que cada día te estás moviendo hacia la dirección correcta, hacia la dirección que te llevará a cumplir todas tus metas.

Quiero compartir un *tip* que te ayudará a agregar hábitos empoderadores a tu vida, una manera eficaz es relacionando este hábito nuevo con otro que ya practiques.

Te lo voy a explicar con un ejemplo: si el hábito nuevo que quieres aplicar a tu vida es ir al gimnasio por las mañanas, lo que puedes hacer es poner tu ropa deportiva en el baño. Todas las mañanas tienes el hábito de ir al baño apenas te levantas, ¿verdad? Entonces, relacionar ese hábito que ya tienes con el nuevo te ayudará a aplicarlo a tu vida con más facilidad. Este es uno de los ejemplos que personalmente aplico a diario.

Otro que también apliqué a mi vida es el hábito de ser más agradecida. Este hábito nuevo lo relacioné con el de cepillarme los dientes. Cada vez que me cepillo los dientes agradezco por todas las cosas bellas de mi vida y de la vida en general. Ser agradecida me ha dado resultados increíbles.

Hábito empoderador: «dieta mental»

Estoy segura de que muchas veces has escuchado hablar acerca de dietas, ¿verdad? De dietas siempre referidas a tu cuerpo, pero ¿escuchaste hablar alguna vez de la dieta mental? Se suele hablar mucho sobre dietas para el cuerpo, pero no de la dieta que es buena para la mente.

Así como en otra oportunidad estuvimos hablando de las cosas que te dices y de cómo te hablas a ti misma, otro factor importante es prestarle atención a las cosas que dejas entrar a tu mente. ¿A qué me refiero? A las cosas que, desde que te levantas hasta que te acuestas, pones en tu mente cuando, por ejemplo, miras la televisión, escuchas la radio, ves las publicaciones de las redes sociales, incluso, a las personas que frecuentas.

Muchas de las cosas que te mencioné —aunque no lo creas—, son chatarra mental. Cuando tomé consciencia de esto, incluso dejé de mirar las noticias, noté que estas son una completa chatarra mental, no conozco a nadie (ni a una persona) que se sienta espectacularmente bien después de ver las noticias. Lamentablemente se convirtieron en una película de terror que hablan en su mayoría de robos, secuestros, atentados, accidentes y crisis.

Esta es la información que venden, lo que más *rating* les da, pero a nosotros nos provocan ansiedad, desesperación, miedos e inseguridades. Con lo anterior no quiero decir que estés desinformada. Créeme, por experiencia te digo que de lo que es realmente importante te vas a enterar lo quieras o no. Si hay algún tema en particular del que te gustaría tener más información lo puedes *googlear*. Mi consejo es que no inviertas horas y horas escuchando las noticias. No te servirá de nada.

Alejarte de lo que no te da frutos también incluye a las amistades que tienes, porque, si te juntas con personas que únicamente saben criticar, hablar mal de otras a sus espaldas o que están constantemente diciendo cosas negativas, únicamente estás consumiendo chatarra, ya sea presencialmente o a través de tus redes sociales. Presta atención a quién sigues y con quién te rodeas y cuestiónate: «¿esta persona realmente suma a mi vida?».

¿Sabías que, en promedio, una persona invierte cuatro horas por día entre las redes sociales y Netflix? Y lo gracioso es que la queja más común de las personas es «no tengo tiempo».

En lo personal, hice hace años una limpieza de todos los contactos que tengo en el teléfono y de las personas a las que sigo en redes sociales. Y no solo eso, también aprovecho el algoritmo de las redes sociales a mi favor para que me muestre cosas que sean verdaderamente de mi interés. Si le das *like* o comentas un video de desarrollo personal, el algoritmo te mostrará páginas que tienen un contenido similar.

Una de las mejores formas que tengo de darle gruesa proteína a mi mente es mientras cocino, cuando manejo, cuando me maquillo, cuando me visto o realizo una actividad similar. Lo que hago es escuchar algún curso o un audiolibro, un *podcast* o un video de desarrollo personal.

Hoy en día, más que nunca, hay saturación de información (del tema que se te ocurra), y todo lo encuentras en un solo clic. El objetivo es reemplazar toda la chatarra por proteína mental que te ayude en tu crecimiento y desarrollo personal.

Nadie va a llegar a tu puerta para decirte que tienes que leer más, que tienes que apagar el televisor o que deberías pasar menos tiempo en las redes sociales. Esta iniciativa tiene que salir de ti misma, el hecho de hacerte responsable y de tomar acción de acuerdo con aquello que creas que puede llevarte a tus metas.

«Presta atención a quién sigues y con quién te rodeas, y cuestiónate: ¿esta persona realmente suma a mi vida?».

Una emoción, un hábito

Hasta este punto espero que te haya quedado claro que los hábitos van creando la persona que eres y la dirección hacia dónde vas. Pero si constantemente experimentas emociones negativas como la frustración o la ansiedad, ¿qué es lo que haces que te lleva a tener esas emociones?

No es que te levantas por la mañana y ya estás enojada. Tienes que pensar en cosas que te enojan, tienes que enfocarte en lo que te genera frustración y a partir de ahí actúas como una persona enojada: tienes que respirar como una persona enojada, tienes que hablar como una persona enojada y moverte como una persona enojada.

Quizás no lo sabes, pero estar deprimida requiere de esfuerzo. Hay personas que se definen sobre la base de sus emociones y eso es desacertado. No eres una persona frustrada, sino alguien que de manera seguida siente frustración. Jamás te pongas etiquetas ni te definas sobre la base de tus emociones, hay muchas personas que dicen: «Soy una persona depresiva», y esto no es correcto, simplemente están experimentando sentimientos y emociones depresivas. Comprender esto te llevará a elegir la forma en la que quieres sentirte y dependerá de ti tomar o no consciencia de esos rituales que te llevan a esas emociones.

Por ejemplo, celebrar un cumpleaños para recordar el nacimiento de una persona es un ritual, dar regalos en Navidad es un ritual, disfrazarse en Halloween es un ritual. La vida está llena de rituales, lo hacemos de manera automática, el problema está en los rituales que nos generan emociones negativas y de los cuales no nos damos cuenta.

Imagina que te pregunto esto: «¿qué tengo que hacer para estar triste?». ¿Qué me responderías? Como ya te mencioné, no te sientes triste con solo levantarte, sentirte así es la consecuencia de los rituales que tienes que te llevan a ese estado.

Ahora imaginemos a una mujer que se acaba de separar y siente tristeza. Algunos de los rituales que tiene esta mujer para sentirse así podría ser: levantarse en las mañanas, mirarse al espejo, decirse a sí misma mientras se cepilla los dientes que está sola y que se va a quedar sola por el resto de su vida, que nadie más la va a querer ni a aceptar con hijos... ¿Quién la va a querer con esas arruguitas que le están saliendo?

Luego va a la cocina y ve la taza de su expareja al lado de la cafetera y se vuelve a decir que está sola, que él no va a volver, que la dejó, que la abandonó, que ella no vale nada. Luego se sienta a desayunar, agarra su teléfono y comienza a *stalkear* a su ex y a su nueva pareja, se compara con ella y esto la hace sentir menos.

Luego va a su trabajo, pero no se concentra, sigue pensando en su ex, en qué va a hacer ella con su vida ahora, ¿qué va a ser de su futuro? Vuelve a su casa y aunque sus amigas la invitan a salir, ella prefiere quedarse viendo una película romántica y llorar.

¿Te parece que este es el ritual de una persona que se siente triste o el de una persona que está explotando de alegría? Si solo leyeras lo que hace en un día esta mujer, en lo que piensa, en lo que se concentra, en las cosas que se dice, sabrías con claridad las emociones que está sintiendo: dolor, tristeza, depresión.

«Jamás te pongas etiquetas ni te definas sobre la base de tus emociones».

Acabo de darte la receta de cómo sentirte mal si tu relación se terminó, pero ¿cuántos rituales similares tienes tú a diario que te llevan a sentirte enojada, frustrada o triste? Te invito a que a prestes atención a partir de mañana y que seas consciente de cuáles son los rituales que tienes, en qué piensas, qué cosas haces, cómo te hablas, qué cosas te dices, dónde pones tu enfoque.

Haz una lista de ellos y luego ponte en plan de cambiarlos por unos hábitos que sean empoderadores y que te generen emociones como la alegría, el amor, la felicidad, la tranquilidad y la paz.

Una vez que identifiques esos rituales que quieres evitar puedes empezar a ponerle un alto y decirles: «Hey, yo a ti te conozco. Gracias, pero paso. ¡Hoy me quiero sentir bien y tú eres un ritual que hace que me sienta mal!».

Aunque suena algo loco, te aseguro que funciona.

El poder de las preguntas

Empecemos, ¿te estás haciendo las preguntas correctas? Lo dije antes y lo repito: tu mente es una supermáquina capaz de darte absolutamente todas las respuestas con solo saber cuál botón apretar. Así que si te estás preguntando ahora mismo: ¿será que puedo pasar el examen de mañana?, obviamente tu respuesta va a ser igual de vaga y no va a tener contundencia.

Las palabras tienen un gran poder y las preguntas que te haces potencian ese poder. Jamás subestimes tu inteligencia, si vives en un papel de víctima las preguntas que te plantees van a estar dentro de ese papel y ahí no hay soluciones, ahí el enfoque siempre está en el problema: ¿Dios, por qué no me quieres?,

¿por qué no puedo bajar de peso?, ¿por qué todo lo malo me pasa a mí?, ¿por qué tengo que vivir en este lugar?, ¿por qué no puedo tener más dinero?, ¿por qué siempre atraigo hombres así? Todas estas son preguntas incorrectas y la mayoría de las personas se las hace a diario. Cada una ha sido planteada desde el papel de la víctima y no conllevan una solución. Por esta razón quiero llevarte a que empieces a entrenarte para ganar y a desarrollar un enfoque que te lleve a tener una vida plena.

No hay diferencia entre tú y yo, no soy más inteligente ni más afortunada; lo único que nos diferencia en este momento es que yo aprendí a utilizar mi mente, mi cuerpo y mi entorno a mi favor. Yo también tengo días grises y problemas (nos pasa a todos), pero no me quedo estancada en esos días grises, los dejo pasar como pasan las nubes, ni tampoco me quedo atascada en los problemas.

Si hoy no estás donde quieres estar, en lugar de preguntarte por qué tienes la vida que tienes, cuestiónate: ¿cómo puedo hacer para cambiar mi situación?, ¿qué necesito aprender?, ¿qué hábitos tengo que cambiar?

Hacerme las preguntas correctas me cambió el panorama. Hoy en día miro hacia atrás y como todas las personas en el mundo veo que tuve muchos desafíos, pero doy gracias por ellos ya que me ayudaron a crecer y a salir de mi zona de confort.

Manejo del tiempo

El recurso más importante que existe es el tiempo, no es el dinero. Muchas personas creen que es el dinero, pero a diferencia de él, el tiempo es lo único que se va y nunca vuelve; el dinero va y viene, pero ese día, ese minuto que se fue no vuelve nunca más.

Quiero que entiendas que de ahora en adelante tu objetivo tiene que girar en torno a esta interrogante: «¿cómo puedo alargar mi tiempo?». Seguramente estarás pensando que esto es imposible porque cada día tiene solo veinticuatro horas, es imposible que ensanches tan solo veinticuatro horas, que son muy pocas. La respuesta es ¡sí!, puedes aprovechar al máximo esas veinticuatro horas y me atrevo a pensar que las puedes multiplicar...

¿Cuántas horas al día crees que tiene el dueño del Facebook, por ejemplo? El dueño de Facebook no tiene veinticuatro horas, tiene miles y miles de horas al día, porque lo que hizo fue comprar tiempo. Sí, a cada empleado que tiene Facebook se le compraron ocho o nueve horas por día.

Seguramente estarás pensado: «Yo no soy Facebook, ¿qué tiene que ver Facebook con mis veinticuatro horas?». Y no, no tiene nada que ver, pero la metodología sí tiene mucho que ver y te puede ayudar a ganar más tiempo y a ser más productiva.

Para manejar tu tiempo de forma productiva lo primero que tienes que tener claras son tus metas, lo que quieres lograr, de lo contrario, tu tiempo estará siempre desperdiciado. Lo que te voy a explicar ahora tienes que entenderlo bien, muchas personas asumen que manejar efectivamente su tiempo significa saber lo que tienen que hacer. Sin embargo, lo anterior es solo una parte, el cincuenta por ciento de este concepto incluye saber, además, lo que NO deben hacer.

No se trata de estar constantemente ocupados, sino de ser productivos. Recientemente, ¿has usado tu tiempo de manera inteligente?, te hago esta pregunta puesto que en adelante me gustaría que gestionaras tus quehaceres diarios de manera que estas actividades sumen valor a tus metas y a lo que quieres lograr en tu vida. Para ello debes enfocar tu mente, tiempo y energía en lograr esos resultados. Así que, el día de ayer, ¿dedicaste tiempo a lograr tus metas?, si la respuesta es «sí», dime ¿cuánto tiempo?

«El tiempo es el único recurso que se va y nunca vuelve».

Esas interrogantes debes hacértelas a diario, de manera que, de forma continua puedas hacer un balance y evaluar si estás alcanzando tus metas. ¿Cuántas horas al día dedicas tiempo a las redes sociales, en lugar de hacer algo por tus metas? Si ahora mismo estás en el lugar en el que quieres estar, perfecto, puedes pasarte navegando por las redes sociales todo el día si quieres.

Sin embargo, si lo que persigues es un cambio en tu vida (e imagino que esta es tu realidad, por eso estás leyendo este libro), pero no estás enfocando tu tiempo en lograrlo, obviamente vas en la dirección incorrecta.

Las personas exitosas en el pasado sacrificaron cosas para obtener el éxito, cambiaron sus hábitos y se transformaron en seres productivos.

A mí me llevó muchos años entender que podía comprar tiempo con dinero para poder enfocarme en las actividades de alto valor y delegar aquellas de poco valor, ¿cómo se hace? Muy fácil. Supongamos que pierdo ocho horas a la semana limpiando mi casa, mientras que contratar a una persona que realice esa labor por mí me cuesta ciento veinte dólares.

La mayoría de las personas lo harían ellas mismas para ahorrase los ciento veinte dólares, pero en realidad están perdiendo ocho horas (en mi caso) y para mí ocho horas de trabajo pueden significar mínimo ochocientos dólares. Entonces si haces un cálculo rápido, no estás ahorrando ciento veinte dólares, en realidad estás perdiendo seiscientos ochenta dólares.

Identifica ahora mismo esas actividades de bajo valor que tienes en tu vida, que puedes delegar, y luego identifica las actividades que directamente no son de valor, que solo te roban tiempo.

Ahora bien, hay actividades que no puedes dejar a un lado, en mi caso: cocinar. Si bien cocinar es una actividad de bajo valor, no puedo delegar la cocina porque para mí es importante tener control sobre mi alimentación. ¿Qué hago entonces? Paso ese tiempo improductivo a un tiempo productivo, lo que hago es combinar esa actividad con la de capacitarme, de manera que mientras cocino me pongo los auriculares y escucho *podcasts,* un curso o un video educacional.

De igual manera, una hora de tiempo que te lleva ir y volver al trabajo puedes convertirlas en tiempo de educación. Imagina cuánto más conocimiento tendrías en un año si lo haces. Todos los seres humanos tenemos la misma cantidad de horas al día, la diferencia está en comprar tiempo, saber delegar y enfocarnos en realizar actividades de alto valor.

Ser productiva no va ligado a tus títulos académicos ni a tu inteligencia, sino a la elección correcta de tu consumo del tiempo. Nuestra mente siempre va a querer llevarnos hacia lo que menos nos cuesta, a lo más fácil, y generalmente lo más fácil son las actividades de bajo valor. El problema con esto es que corremos el riego de pasar el día entero haciendo actividades de bajo valor y lo verdaderamente importante lo terminamos postergando. Por eso te invito a llevar una agenda y a hacer un planificador diario. Eso sí, recuerda colocar primero las actividades de alto valor.

Si cada día planificas tus actividades diarias, tu mente dejará de estresarse. Antes de crear mi planificador diario me decía una y otra vez: «Tengo mil cosas para hacer». Seguramente te sientes identificada conmigo, empiezas tu día y tienes «mil cosas para hacer», pero la realidad es que cuando las pones por escrito resultan ser solo diez o doce. Y no es lo mismo diez actividades que mil, recuerda que tu mente escucha todo lo que le dices y entra en caos, en confusión y estrés cuando te repites: «tengo mil cosas para hacer». Entonces, te recomiendo que tomes un cuaderno y que escribas todas tus actividades un día antes, empieza por las de mayor valor y más importantes a las de menor valor. Hazlo y me cuentas qué tal te fue. Yo sé que esta práctica le dará un rumbo extraordinario a la mujer productiva que estás destinada a ser.

IV
AUTOESTIMA INQUEBRANTABLE

Tanto si crees que eres capaz como si crees que no eres capaz, en ambos casos estás en lo cierto.

Henry Ford

Un simple paso: ¡Haz lo que dices que vas a hacer!

Tú eres la dueña de tu vida, únicamente tú puedes liderarla, y para poder hacerlo de manera correcta tienes que empezar por un simple paso: ¡Hacer lo que dices que vas a hacer! A estas alturas estoy segura de que ya lo estás logrando, pero me gustaría que profundicemos más en la autoestima y en el empoderamiento.

Para lograr lo que sea en la vida tu autoestima tiene que ser inquebrantable y ese es el propósito de este libro, enseñarte qué hacer para que nada ni nadie destruya tu autoestima, que nada ni nadie te haga perder la confianza en ti misma, que ningún comentario, que ninguna crítica o rechazo te haga sentir menos. Vamos a fortalecer juntas aún más tu mundo interior para que ningún elemento del mundo exterior pueda destruirte. Pero ¿cómo se logra esto?

Para tener autoestima tienes que confiar en ti misma, este es el primer paso. Si no confías en ti difícilmente lograrás tener estima. Y confiarás en ti solo cuando seas capaz de cumplirte lo que te prometes. Veamos.

Hay un paso simple para que logres tener confianza en ti misma. Esto que voy a compartir contigo hoy me hubiera gustado haberlo aprendido a los veinte años, ya que por muchísimo tiempo no tuve confianza en mí, estaba tan enfocada en ser aceptada, en priorizar a todos menos a mí, en pretender ser alguien que no era con tal de no ser rechazada.

Valoraba tanto el compromiso que tenía con otras personas y tan poco el compromiso que tenía conmigo misma y, en consecuencia, no tenía ni un poquito de autoestima. Pero eso cambió y hoy también va a cambiar para ti.

Ese paso es tan simple como: ¡hacer lo que dices que vas a hacer! ¿Cuántas veces te has comprometido contigo misma y no lo has cumplido? Seguramente lo haces múltiples veces al día. Dices que te vas a levantar a las 6:00 a. m. para entrenar, pero cuando suena la alarma pones una hora más; dices que vas a empezar a comer más saludable a partir del lunes, pero llega el lunes y no lo cumples; dices que el mes próximo empezarás a trabajar en tu propio emprendimiento, pero nunca lo haces; dices que esta semana te vas a dedicar una hora diaria a leer y jamás lo cumples...

«Haz lo que dices que vas a hacer».

¿Qué crees que pasa con tu mente cuando repetidamente te fallas? Antes yo pensaba que no pasaba nada malo, como no me había comprometido con nadie, creía que no le estaba fallando a nadie, como me lo había dicho únicamente a mí y nadie había escuchado lo que me prometí, al no cumplirlo simplemente se esfumaba. No veía el daño que me estaba haciendo. No me daba cuenta de que cada vez que me fallaba confiaba en mí un poquito menos.

¡Qué ilusa era! No entendía que comprometerme conmigo misma es mucho más importante que comprometerme con alguien más, porque, ¡yo soy la persona más importante de mi vida!

Cada vez que me fallaba me estaba desilusionando a mí misma y, en consecuencia, reunía menos confianza en mí, por lo tanto, tenía menos autoestima. ¿Cómo iba a lograr tener confianza en mí si lo único que estaba haciendo era fallarme? Era imposible.

El cambio que hice fue muy simple: ¡hacer de una vez por todas lo que decía que iba a hacer!, actividades, cosas, asuntos, que se resumen en:

- Amarme
- Hablarme bonito
- Atenderme
- Consentirme
- Arreglarme
- Cuidarme
- Ejercitarme todos los días
- Respetarme
- Cultivarme
- Empoderarme
- Ser mi prioridad
- Velar por mi salud emocional y física
- Cumplir mis metas y sueños
- Meditar

- Comer saludable
- Tomar suficiente agua
- Aprender algo nuevo todos los días, etcétera.

No tienes que empezar por grandes tareas, empieza por cosas pequeñas, como programar tu alarma a una hora específica sin darle a la opción de cinco minutos más. Y levántate a hacer eso que tanto has planeado: escribir tu primer libro, leer ese libro que te compraste hace meses, correr, trotar, recorrer la ciudad en bicicleta, ir al parque a hacer yoga, ir al gimnasio donde ya casi se vence la cuota que has pagado tantas veces. ¡Álzate! Si has dicho que vas a ir tres veces por semana a hacer *spinning,* ¡ve!, y no pongas más excusas. Si has dicho que vas a empezar ese curso que desde hace tanto quieres hacer, ¡empiézalo ya mismo! No te postergues, no te pongas excusas, no te pongas para después.

Justo en ese momento, en ese difícil instante cuando suena la alarma para levantarte a hacer lo te has prometido, pero solo quieres dormir un poquito más, hazte esta pregunta: ¿dormirías media hora más si tienes un compromiso con tu jefe?, ¿le fallarías? Seguramente no, harías hasta lo imposible por cumplir con tu palabra. Bueno, ¡haz lo mismo contigo misma! Ni tu jefe, ni tu marido, ni tus hijos, ni tus amigos tienen que ser más importante que tú. Lo vuelvo a repetir, tú eres la persona más importante de tu vida y es hora de que empieces a cumplirle a esa persona, a honrarle, a cuidarle y a tratarle con amor.

No seas tu peor enemiga

Espero de corazón que a estas alturas ya te estés amigando contigo misma, que estés dejando de abusarte, saliendo del papel de víctima y empezando a convertirte en tu mejor amiga, en tu fan número 1, en tu entrenadora. Tengo total confianza en que capítulo a capítulo has hecho grandes progresos en la dirección correcta.

Personalmente, un antes y un después en mi vida sucedió cuando me di cuenta de que no había persona más destructiva en mi vida que yo misma. La única que realmente se podía frenar, tirar para atrás, dejar que los miedos fueran más fuertes, era yo misma. Esto se llama autosabotaje y claramente es un gran enemigo de nuestra autoestima.

Autosabotearte significa que tú misma te estás obstaculizando, frenando, ¿y por qué harías eso?, ¿por qué cualquier persona en este mundo trataría de arruinar su propia vida? No tiene sentido alguno, pero hay solamente una razón, un motivo por el cual lo hacen y está relacionado con un tema que te mencioné anteriormente.

Cuando te autosaboteas te detienes, te frenas para lograr algo, puede ser éxito, crecimiento, ser mejor. Pues bien, ¿te has preguntado por qué lo haces?, ¿te acuerdas de que hemos hablado de placer y de dolor? El ser humano actúa a través del placer y del dolor, hace de todo para ganar placer, y también para evitar dolor. Entonces, una persona que se autosabotea lo está haciendo porque relaciona dolor con aquello que quiere alcanzar, en alguna parte de su subconsciente está asociándolo con sufrimiento.

Seguramente estarás pensando: «No tiene sentido, ¿cómo ser exitosa y lograr lo que quiero puede ser doloroso?». Te explico, para algunos tener éxito, por ejemplo, puede significar dolor, porque si están progresando, ganando más, logrando sus metas, puede ocurrir que las personas que están alrededor de ellos comiencen a decirles: «claro, para ti es fácil». O también puede ocurrir que cada vez que esa persona comparte sus logros siente que la tratan diferente porque su entorno no progresa a la misma velocidad, y esto le hace sentir mal. O quizás sus padres jamás fueron exitosos y en una parte del subconsciente no quiere hacer sentir mal a sus padres.

Pero, por otro lado, si a esa persona le va mal, si fracasa, su entorno está ahí conteniéndola, diciéndole: «Pobrecita, tú puedes, tú lo vas a lograr, tú eres fuerte». ¿Qué es lo que en verdad sucede? Cuando esta persona tiene éxito su entorno la aísla, entonces comienza a relacionar tener éxito con quedarse sola, con ser rechazada, con hacer sentir mal a sus padres y esto es doloroso, por eso, en el minuto en que está progresando se autosabotea.

A propósito de esto te voy a contar la historia de una de mis clientas. Ella es divina, es una persona tan linda, tan empática, admira muchísimo las mujeres bellas y también le gustaría verse mejor, pero ella no se arregla, no se maquilla, porque no quiere lucir mejor que sus amigas y lograr con eso que ellas se sientan mal.

Le pasa lo mismo en el gimnasio; empieza porque le gusta, porque le hace bien, pero apenas ve resultados lo deja porque inconscientemente no quiere verse mejor que sus amigas, tiene miedo de que la rechacen, tiene miedo de verse mejor y que las personas que están a su alrededor no la traten con el mismo amor. Ella, al sentirse menos, menos linda, menos arreglada, siente que recibe más amor, más compasión, más ternura... Entonces se autosabotea, se mantiene en un nivel bajo y se impide progresar.

Es lo mismo que le podría ocurrir, por ejemplo, a una mujer que sufrió una separación y quedó criando sola a sus hijos, se desmoronó, y sus seres queridos la empezaron a proteger, salían corriendo a auxiliarla moral y económicamente cada vez que ella lo necesitaba, le daban atención. Lo que inició como amor de familia, sin querer se empezó a convertir en autosabotaje, porque estar dolida, mal, triste y hasta deprimida, significa que junto con ello recibe atención, amor y compasión de su círculo, y aunque suene un poco ilógico, para muchas personas en una situación similar, sentir dolor (por la separación) le genera mucho placer (por toda la atención y amor que recibe).

Curiosamente, al cabo de unos años fue deteniendo ella misma su avance de manera inconsciente con acciones, con palabras, con sentimientos, y con actitudes, o cayendo nuevamente en otra separación, porque eso la llevaba de nuevo al círculo protector de sus seres queridos, donde se sentía cómoda, donde volvía a disfrutar de la compasión y el amparo de ellos. Esto es lo que yo llamo autosabotaje y la mayoría de las personas lo hace de manera inconsciente.

Otro ejemplo es esa madre de hijos adultos que se rehúsa a hacer algo por su vida, aunque domine un oficio o una profesión y todavía puede estar activa. Aunque eso signifique que pierda estabilidad económica y que tenga que depender tan solo de unos centavos al mes, abandona todo lo que la empodera porque cree que tener éxito puede significar perder a sus hijos, o bien, lograr que estos se alejen o ser calificada como mala madre.

Ya sabemos que en verdad esto no es así, pero sus creencias relacionadas con su pasado la hacen verlo como algo cierto. Esa madre ha relacionado el éxito, la independencia, con el dolor de ver a sus hijos distanciarse de ella.

Finalmente, hay otro ejemplo tan común que pudiera pasar desapercibido porque se ha vuelto «normal» cuando se pasea ante nuestros ojos. Se trata de esa mujer que quiere y puede estar más sana y vigorosa, que sabe cómo hacerlo, cuidándose, yendo a sus controles médicos. Tiene una enfermedad controlable, es perfectamente salvable, pero en el fondo, cuando ve que tiene progreso de manera inconsciente se autosabotea para impedir reponerse del todo, ¿por qué? Porque prefiere la compasión, el cuidado y los constantes mimos de las personas que permanecen a su lado.

En sus manos está el poder de ser libre del todo, pero asocia estar bien, estar sana, con perder todas esas atenciones que ha recibido cada vez que decae. Asocia dolor (perder los cuidados de sus seres queridos) con la sanidad total. Entonces, preferirá otro dolor más leve, es decir, sacrificará su propio bienestar por la compañía de otros.

Estos son solo algunos ejemplos de vida, lo cierto es que son tantos que de seguro ya te habrás identificado con alguno o, simplemente, habrás visto en estos espejos el reflejo de las cosas que a ti misma te han ocurrido. Lo importante, mi bella, es que te des cuenta, tomar consciencia es el primer paso del cambio.

Entendiendo esto tenemos que cambiar las cosas que asociamos con el éxito, con crecer, con lucir mejor, con ser mejores, con capacitarnos más, con tener una relación sana. Ahora te pregunto, ¿estás asociando tus sueños, progreso y bienestar con el dolor o con el placer?

Cuántas personas hay que sufrieron en una relación del pasado y en consecuencia conectaron el hecho de estar en una relación con el dolor. Cuando están en una nueva relación y esta avanza, cuando los sentimientos crecen, la persona empieza a autosabotear la relación aun sin darse cuenta.

«Tomar consciencia es el primer paso del cambio».

La verdad del autosabotaje

Es importante también diferenciar entre autosabotearte y ser relajada o desorganizada. Cuando eres una persona perezosa no te estás autosaboteando, simplemente necesitas organización, marcar tus prioridades, ser más responsable. No te engañes, primero identifica bien cuál es tu situación.

Te voy definir qué es el autosabotaje y qué características tiene para que tengas más claridad. El autosabotaje es cuando tratas de obstaculizar un logro propio. Algunas de las características de personas que se autosabotean son: no acaban las cosas que empiezan, terminan abandonando, es decir, dejan todo a medias y ponen excusas tontas, posponen todo hasta el último momento. Es algo que también se conoce como «procrastinación».

Cuando alguien retrasa todo y no lo termina correctamente está procrastinando. O, por el contrario, son personas perfeccionistas, como tratan de hacerlo todo perfecto, sencillamente terminan haciendo nada.

Una persona que se autosabotea no tiene palabra ni cumple sus promesas, todo lo que se propone queda en el aire porque termina haciendo lo contrario.

Nuestra madre nos hizo a mi hermana y a mí hacer muchísimas actividades extraescolares cuando estábamos pequeñas. Hicimos danza, patinaje, cerámica, gimnasia artística y otras manifestaciones del arte.

Recuerdo que empezábamos cada actividad con mucho entusiasmo y con muchísimas ganas. Mi mamá nos compraba todo lo que era necesario, trajes, indumentaria, materiales, todo. Pero al cabo de unos meses nos aburríamos y terminábamos dejándola.

¿Crees que terminamos siendo buenas en algunas de esas actividades? ¡Claro que no! A la primera dificultad las abandonábamos dando excusas tontas. Hasta que un día —me acuerdo como si fuera hoy, porque ese día marcó mi vida para siempre—, mi mamá nos dijo a mí y a mi hermana: «Van a empezar a estudiar inglés de manera particular y así como empiezan, lo terminan. No hay excusas, no van a abandonar».

Así fue como estudiamos ocho años de inglés de manera particular y hoy por hoy es nuestro segundo idioma. No hubiera sido así si mi mamá no se hubiera puesto estricta con mi hermana y conmigo. Con esta experiencia nos estaba enseñando que terminar lo que se empieza trae resultados notorios y duraderos en el tiempo, aunque al principio cueste y tengamos, de hecho, hasta que obligarnos por nuestro bien.

Cuando somos chicos quizás tenemos a nuestros padres que nos impulsan a estudiar queramos o no, a ser mejores, a hacer deportes, a comer más verduras, a cumplir con las tareas y hasta a hacer cosas mínimas como cuidar nuestra higiene. Pero ¿qué pasa cuando crecemos? Ya no tenemos a mamá o papá detrás nuestro diciéndonos qué tenemos que hacer, impulsándonos esos días en que no tenemos ganas. Tú tienes que ser esa figura autoritaria en tu vida, porque como dije anteriormente, nadie va a venir a salvarte, nadie va a venir a empujarte, ya eres grande, responsable de ti y lo tienes que hacer por ti misma.

Lo que necesitamos es ser estrictas con nosotras mismas, abandonar el «plan b»: «bueno, si no me va bien lo dejo», «si no tengo los resultados que quiero puedo dedicarme a otra cosa».

¡No! ¡Basta de peros, de excusas, de ponerte en el papel de víctima! Proponte hacer lo que dices que vas a hacer pase lo que pase, así se ponga difícil, así llueva, haga frío y no tengas ganas de levantarte de la cama, así tengas todas las excusas para ponerte en un papel de víctima.

¡Levántate igual!, y deja de desilusionarte a ti misma, porque, al fin y al cabo, eres tú la única que cuenta. Nadie puede sabotearte como tú misma lo haces, nadie puede arruinar tu vida más que tú, nadie puede limitar tu futuro más que tú, nadie puede ser más tu enemiga que tú misma, así que ¡para ya de hacerlo!

No te escondas detrás de tus problemas ni te excuses con ese divorcio por el que tuviste que atravesar, ni te lamentes más por ser madre soltera o porque tienes dos trabajos a la vez. Esas, que, si bien son verdades, son también excusas para renunciar, a partir de hoy ¡ya no son excusas válidas! Levántate, mi bella, que de ti depende tu futuro exitoso y abundante.

Un papel importante en el autosabotaje son las neuroasociaciones. Para verlo volvamos al ejemplo que te di anteriormente. Hay personas a quienes les ocurre con las relaciones que, por un lado, asocian con el placer estar en una relación, ya que consideran que es hermoso, se siente tan bien estando en pareja, teniendo un compañero, amando a otra persona, pero por el otro lado, como tuvieron una experiencia negativa en relaciones anteriores, como sufrieron mucho, la asociación que hacen es que es placentero, pero a la vez también es doloroso. ¿Qué pasa acá?, ¿la persona está en pareja y de repente su mente entra en caos?, ¿no sabe si es dolor o placer lo que siente?, ¿no sabe si la van a lastimar o le van a dar felicidad?

Cuando nuestra mente no sabe qué hacer, por cuál camino ir, detiene todo el proceso, el progreso. Esto es autosabotaje, parar el progreso, la relación, en este caso, pero también aplica al crecimiento, a las carreras y profesiones, a los emprendimientos, etcétera.

La buena noticia es que somos nosotras las que creamos las asociaciones, las que decidimos qué sentido le vamos a dar a algo: ¿dolor o placer? No importa lo que pase en tu vida, lo que tú asocias es tu elección.

Ahora bien, si con el ejemplo que te di notas que tú también estás autosaboteando tus relaciones, puedes cambiar ese significado de dolor que le estás dando. ¿Cómo? Tomando papel y lápiz y escribiendo qué piensas acerca de las relaciones, acerca de los hombres, acerca del matrimonio... A partir de aquí irás describiendo tus creencias limitantes (ya vimos anteriormente qué son y cómo romperlas).

A mí me tomó años entender esto: si sufriste en dos relaciones anteriores no significa que todas tus relaciones van a ser de sufrimiento, si te engañaron no significa que todos los hombres engañan, tú tienes el poder de eliminar esas asociaciones negativas, esas creencias limitantes que creaste y que te están frenando, que te están encerrando en un mundo donde no eres feliz ni puedes crecer.

Empieza a usar todas las herramientas que aprendiste hasta ahora, por ejemplo, hazte las preguntas correctas. A ver, digamos que en el pasado tuviste dos relaciones muy dolorosas —y no te estoy diciendo que te mientas y que te digas que no te dolieron, que digas que no fueron tóxicas—, lo que quiero decirte es que si te enfocas en lo negativo más negativo va a ser. En cambio, haz las siguientes preguntas con respecto a esas relaciones:

- ¿Qué aprendí de esas relaciones?
- ¿Qué fue lo bueno que me enseñaron?
- ¿Cómo hoy soy mejor persona gracias a esas dos experiencias?

Aunque mi pasado ni las relaciones que tuve hayan sido perfectos, de verdad yo no cambiaría nada, porque cada relación, cada persona que vino a mi vida, vino a enseñarme algo.

Por más que en ese momento no lo haya visto así, sino quizás como un fracaso, fue por ejemplo lo que sentí cuando le pedí el divorcio a mi primer marido al mes de habernos casado. Hoy entiendo que tenía que suceder así, lo acepto y le veo el lado positivo.

Pero en ese momento me sentí la mujer más fracasada del mundo, se me derrumbó la ilusión que tenía del matrimonio, me castigué por no «honrar» mi palabra y mi compromiso con esa persona, me dio vergüenza con todos los invitados de la boda, me sentí mal por mi familia y por la manera en la cual los iba a decepcionar, pero a fin de cuentas lo que me ayudó a atravesar ese periodo difícil y a no quedarme atascada en un matrimonio donde sabía que no sería feliz fue ver el lado bueno de la situación.

De lo único que me aferré en ese momento fue entender que era preferible una separación al mes de habernos casado y no luego de diez años, después de haber vivido una relación infeliz. En vez de decirme: «cometiste el error de casarte», agradecía a Dios por haberme mostrado el camino correcto muy pronto, apenas al mes de haber tomado esa decisión.

Me aferré tan fuerte a estas palabras, a ver lo positivo, a no castigarme ni culparme y esa fue mi salida. Hoy, al mirar hacia atrás, pienso que no cambiaría nada. No cambiaría haber conocido a mi exmarido ni haberme casado. Porque si nada de eso hubiera pasado yo no me hubiera mudado a Milán luego de mi divorcio y no hubiera trabajado para AC Milán, el equipo de fútbol del cual mi marido actual es fan, por el cual él viajo a Milán a ver un partido y de esta manera el destino cruzó nuestros caminos.

Entonces, todo lo que ocurrió en mi pasado me llevó a estar exactamente donde estoy hoy. Lo mismo te ocurre a ti, nada te ha pasado por casualidad, ni tampoco te ha pasado porque tienes mala suerte o porque Dios no te quiere o te está castigando; todo lo que pasó y ha pasado en tu vida ocurrió por un plan perfecto que es mayor de lo que hoy puedes ver. Quizás hoy no lo puedas ver, quizás hoy no lo entiendas, pero tienes que confiar en el proceso, dar gracias hasta por las desgracias que te pasaron, sacar al menos algo bueno y seguir adelante con mucha fe.

«Todo lo que ha pasado en tu vida ocurrió por un plan perfecto que es mayor del que hoy puedes ver».

Espero que estés notando el poder enorme que tienes, el poder increíble que tienes de cambiar tus pensamientos, tus sentimientos, tu presente y tu futuro. Todo depende de ti, de nadie más que de ti misma.

Autoestima inquebrantable

Primero, quiero que entiendas esto: la autoestima no es algo que tenemos, es algo que creamos y la podemos crear ahora mismo. Segundo, no existe persona en el mundo que desarrolle la autoestima en un 100 % de manera prolongada en el tiempo; todos tenemos altos y bajos. Lo importante es que tengamos la habilidad de implantarla en nosotros y que esté lo suficientemente fuerte para cuando la necesitemos.

La autoestima es un estado de ánimo y, como vimos anteriormente, la puedes crear en cualquier momento, ¿por qué? Porque tú eres quien eliges cómo te vas a sentir, tú eliges tus estados de ánimo, tú eres quien controlas lo que vas a pensar, en qué te vas a enfocar, cómo vas a mover tu cuerpo...

Te voy a hablar de la manera más fácil para que puedas cambiar tu autoestima cero a una autoestima elevada y sana. Es con algo que ya vimos y está relacionado con la fisiología. Si quieres sentir autoestima, pero no lo logras, cambia la manera en la que te mueves, en la que hablas, en la que respiras; cambia tu postura y las expresiones de tu cara.

Nosotros sentimos a través de nuestro cuerpo. Esta es la manera más rápida para accionar o ir en pro a lo que queremos, haciendo que nuestro cuerpo lo sienta primero para que nuestra mente reciba el comando, el mensaje, y lo vuelva realidad en nuestro pensamiento. Quiero compartir contigo lo que hago yo cuando necesito un aumento de autoestima y seguridad en mí misma.

«La autoestima no es algo que tenemos, es algo que creamos».

Por ejemplo, si tengo que dar una conferencia, un vivo, una charla, un evento, me preparo con anticipación, pero esto no siempre es suficiente para tener autoestima y seguridad. Así que lo que hago es cambiar mi postura general. Me pongo los auriculares, pongo la canción *Gimme more* de Britney Spears, porque esta canción me da una sensación de poder, de autoridad, y empiezo a caminar por mi casa con los hombros en alto, muevo mi cuerpo como si fuera una leona, con la cabeza en alto.

Luego voy hasta un espejo, me miro y me digo en voz alta un montón de cosas empoderadoras: «tú puedes», «tú eres inteligente», «vas a hacerlo increíble» y hago movimientos de alegría y afirmación con mis manos y sigo diciendo: «sí sí sí sí, lo voy a lograr, ¡yo puedo!». El pico de autoestima, de seguridad, que hacer esto me genera es increíble. Me preparo para ganar, me veo ganando, me veo hablando empoderada.

Lo mismo hago cuando tengo una sesión de *coaching*. Yo siempre quiero dar lo mejor de mí, ya sea que vaya a hablarle a una sola persona o a cien, a doscientas. Solo que cuando le hablo a una sola persona, antes de mi canción de empoderada hago una meditación para conectar con mi cliente. Me gusta meditar porque me ayuda a generar una conexión inexplicable con las personas con las cuales trabajo.

¿Sabes que Tony Robbins en uno de sus seminarios, el primer día hace que caminen en brazas calientes y casi todos mueren de miedo? No tienen confianza ni seguridad para hacerlo, están en frente de la braza y Tony les hace cambiar ese estado de miedo a un estado de autoestima de oro, en un minuto. ¿Cómo? Haciendo exactamente lo que te acabo de mencionar, cambiando la postura, el lenguaje corporal y el *mindset*.

Yo te puedo asegurar que esto sí funciona. Así que para que empieces a probarlo busca tu propia canción de empoderamiento, esa que cuando suena sientes como si vas por los aires y te hace sentir libre, segura, feliz, poderosa, y prueba lo que te estoy diciendo, compruébalo por ti misma.

Yo me condicioné tanto con esa canción, lo hice tantas veces, que mi cerebro ya lo sabe, apenas suena mi autoestima se va por los cielos y si le agrego a eso la postura de poder, ¡*wow*!, siento hasta escalofríos porque de verdad es increíble cómo podemos condicionarnos a tener autoestima y seguridad en nosotras mismas en tan solo tres minutos o menos haciendo que nuestro cuerpo se incorpore para el éxito.

Dime si no es verdad que cuando conoces a alguien, al mínimo contacto, te das cuenta si esta persona tiene seguridad en sí misma y autoestima. Sin ni siquiera conocer a esa persona, tomando en cuenta su forma de caminar, su expresión en la cara, su manera de hablar, su manera de moverse, puedes deducir si tiene o no seguridad en sí misma, si se siente empoderada, libre de ser ella misma.

Si yo no hubiera logrado desarrollar en mí esa calidad de autoestima la verdad es que no estaría acá escribiendo este libro. Y no tiene nada que ver con ser competente, hay muchísimos *coaches*, por ejemplo, que son muy capaces, muy inteligentes, muy competentes, pero no tienen autoestima, ni seguridad en ellos mismos y por eso jamás van a sacar un libro ni se van a poder parar en un escenario a hablar.

La autoestima es la clave del éxito, nos da competencia, nos da esa capacidad que necesitamos para relacionarnos, para exteriorizar e irradiar lo que somos, lo que sabemos, nuestros dones. La autoestima es capaz de iluminar a otros, de motivar a otros a que también recuperen la suya. La autoestima nos conecta. Y lo contrario, no tener autoestima, nos separa a punta de complejos e inseguridades, por falta de valor.

Es por eso que cuando digo que la autoestima es sin duda la base de todo para tener éxito, no me refiero solo al ámbito laboral o profesional, también me refiero a las relaciones. Por ejemplo, ¿qué pasa cuando no tenemos autoestima? Tenemos poco amor propio, ¿verdad? Al tener poco amor propio creemos que merecemos poco y al creer esto nos conformamos con poco, con mucho menos de lo que realmente merecemos. ¿Luego qué pasa? Terminamos en relaciones tóxicas, terminamos quedándonos en deuda con nosotras mismas para complacer a nuestra pareja, terminamos aceptando mentiras, engaños, nos quedamos atascadas en un lugar donde no somos felices por falta de confianza para ir por más, por ni siquiera pensar que merecemos más.

Independientemente de cómo te sientas ahora, mientras estás leyendo estas líneas, si a partir de este instante te mueves con confianza, con poder, si pones tus hombros erguidos, tu cabeza en alto y hablas con un tono de voz seguro y fuerte, vas a sentirte con autoestima, no importa cómo te sentías minutos antes. Así que, no quiero que digas más: «yo no tengo autoestima». Ya sabes que la autoestima la creas tú misma en cualquier instante.

Enfoque correcto = autoestima

Otra manera de desarrollar una autoestima inquebrantable es dándole a tu enfoque la dirección que tú quieres, o lo que es lo mismo, controlando tu enfoque. Sé que he mencionado esto repetidamente, pero es tan importante que lo voy a seguir repitiendo hasta el final del libro para que se te quede grabado en la mente: la manera como te sientes va a depender del lugar donde pongas tu enfoque (pensamientos).

Digamos que vives poniendo tu enfoque en todo lo que podría ir mal, en terribles escenarios. ¿Cómo crees que va a estar tu autoestima?, ¿tu confianza en ti misma?, ¿cómo te vas a presentar a la vida, a tu trabajo, ante tus relaciones si crees que nada va a funcionar? Imagínate que empiezas una relación con alguien y te dices constantemente: «no creo que funcione, tenemos mucha diferencia de edad, vivimos lejos, no creo que realmente me ame». Diciéndote todo esto, ¿cómo te vas a sentir en la relación?, ¿segura de ti misma, con autoestima y empoderada? O, por el contrario, ¿con dudas, con miedos e inseguridades?

A propósito de este libro, imagínate si constantemente pienso: ¿será que voy a vender ejemplares?, ¿será que las personas lo van a comprar?, ¿qué pasa si recibo críticas negativas?, ¿qué pasa si estoy invirtiendo todo este tiempo y dinero en escribir este libro y nadie lo lee?, ¿qué tal si a nadie le gusta? Si con frecuencia me hiciera estas preguntas, si dudo de esta forma, me estaría enfocando en un resultado negativo, me estaría enfocando en el peor de los escenarios y ¿crees que daría lo mejor de mí para escribirlo? Claramente no, lo escribiría con dudas, sintiéndome insegura, palpitando el fracaso, y eso, aunque no se dice, se siente.

Pues bien, ¿qué actitud crees que tengo mientras escribo este libro? Constantemente me digo: «Voy a poner todo de mí, voy a escribirlo con ganas y entusiasmo, no voy a ponerme excusas para sentarme a escribir, voy a escribirlo sin miedos y sin dudas, no voy a dar mil vueltas antes de publicarlo».

Acuérdate de que lo que crees lo creas. Si tú crees que no lo vas a lograr, que quizás falles, todo esto lo vas a sentir, estarás creando dudas y esa será tu realidad.

«Lo que crees, lo creas».

Hagamos un ejercicio, piensa en algo que quieres que pase en tu futuro, puede ser lo que sea, algo que te gustaría lograr, algo que te gustaría ser. Ahora quiero que pienses que QUIZÁS lo vas a lograr, sin certeza alguna: «quizás algún día puede que tenga mi propio emprendimiento», «quizás algún día tenga suerte y encuentre un hombre bueno», «tal vez en el futuro pueda bajar los kilos que tengo de más». Imagina desde un lugar de incertidumbre eso que quieres lograr, seguramente no te será difícil porque ya lo vienes imaginando así, con dudas, con poca certeza y fe.

Ahora cambia ese estado. Salgamos de ahí. Ahora piensa en eso que pensaste antes, en la misma meta, pero ahora imaginado con certeza, eso va a pasar, va a ocurrir, esa meta la vas a lograr cueste lo que te cueste, vas a hacer todo lo que tengas que hacer para que eso ocurra, no hay manera de que renuncies, no hay desafío grande. Tú harás que eso pase en tu vida, tienes total certeza y seguridad de que así va a ser.

Compara ahora estos dos estados: ¿cómo te sentiste?, ¿qué lograste visualizar?, ¿qué imaginaste?

Cuando hago este ejercicio con mis clientas en general, me dicen que con la primera fórmula ven todo gris, ven por un lado la posibilidad de lograrlo, pero al ladito está el no, la posibilidad de no lograrlo, de no poder; se sienten pasivas, sin ganas de tomar mucha acción. Sin embargo, con la segunda manera de ver las cosas lo ven todo con claridad, solo ven una cosa: ganar, lograrlo. Se sienten con energía, ven todo a color, lo ven como si estuviera sucediendo y esto les genera ganas de tomar acción, de hacer algo ya. La motivación pasó de cero a cien.

Analicemos qué pasa en tu mente cuando tienes dudas acerca de lo que quieres lograr. Seguramente a tu mente le vienen dos imágenes: por un lado, te ves lográndolo y esto genera mucho placer, mientras que por el otro lado te ves no lográndolo y esto genera mucho dolor. ¿Te acuerdas de lo que pasa cuando tu mente no está segura si algo le va a causar dolor o placer? Entra en cortocircuito y no sabe qué hacer, y al no saber qué hacer se frena, se paraliza, no toma acción.

No obstante, cuando te enfocas en una cosa, en que sí lo vas a lograr, en que eso sí va a pasar, tu cerebro automáticamente dice: «Si yo logro esto voy a tener placer, entonces hay que lograrlo» y así se llena de confianza, de seguridad, tiene claridad y va por ello. Por eso es tan importante que te enfoques solo en una cosa: ¡en ganar, en lograrlo!

Volvamos a las preguntas por la importancia que tienen en estos escenarios. ¿Qué preguntas te estás haciendo?, a ver: «¿Será que voy a poder lograrlo?», «¿seré capaz de lograrlo?». ¿O te estás preguntando cosas similares a estas?: «¿cómo puedo lograrlo?, «¿cuál es la mejor forma de lograrlo?».

Personalmente, creo que esta es una excelente herramienta de atracción y en torno a ello te quiero contar la diferencia entre querer algo y pensar que algún día quizás lo vas a poder alcanzar. O querer algo y decir «lo quiero ya y lo voy a tener como sea».

Hace tres años atrás puse en mi mapa de deseos el auto de mis sueños, un Land Rover Range Rover Evoque blanco. La imagen del auto la tuve colgada al lado de mi cama y la vi todos los días por tres años. Era el auto que siempre quise, pero cada vez que lo veía pensaba: «Quizás algún día», «quizás algún día». Pasaron tres años y no lo obtuve, pero seguía siendo el auto de mis sueños. Cuando me mudé a Estados Unidos estuve más de un año sin manejar porque estaba sacando mis papeles y no tenía el carnet aquí, pero cuando lo obtuve, mi actitud frente al auto de mis sueños cambió.

No dije: «quizás algún día lo pueda tener», en cambio dije: «lo quiero y lo quiero ¡ya!». En ese momento no tenía la posibilidad de comprármelo y aun así, mira lo que hice; en lugar de decir: «quizás algún día lo voy a poder comprar», empecé a decirme a mí misma y a todo el mundo: «Estoy por comprarme un Range Rover».

Mi marido no es muy fan de ese auto, entonces, siempre me quiso convencer de elegir otro, pero yo estaba segura de lo que quería y que ciertamente lo iba a obtener.

Me desperté un día con la determinación de ir al concesionario a averiguar los precios y a hacer un *drive test* o una conducción de prueba. Así lo hice. La verdad es que era mucho más costoso de lo que había imaginado, pero no me frustré y dije: «Tiene que haber otras opciones porque ese es mi auto, en cuatro meses lo voy a estar manejando, como sea».

Mientras hice el *drive test* lo manifesté como nunca antes, me senté en el asiento de conductor del carro, registré cada detalle del auto, los colores, las formas, me imaginé teniéndolo, pensaba: «Este es mi auto».

En los siguientes días, cada vez que me subía al auto que tenía, que era un auto prestado de mi suegra, yo me imaginaba que era mi Range Rover, volvía a recrear todos esos detalles que me grabé. A tan solo dos días de hacer el *test driver* salí a comer con mi marido y con unos amigos y como por esos días le hablaba a todo el mundo del carro que iba a adquirir pronto (mi forma de manifestar y afirmar), a ellos también les dije que me iba a comprar un Range Rover. Entonces, para mi sorpresa, una de las amigas que estaban presentes me dijo:

—¿En serio? Mi hermana es la capa del *Range Rover* de toda esta zona, habla con ella, te va a ayudar a encontrar el que quieras.

¡Wow!

Yo me quedé boca abierta, no podía creer en tanta casualidad. Al otro día mi marido y yo la llamamos. En menos de cinco días me consiguió mi Range Rover a un precio inexplicable.

Saqué cuentas y si bien no llegaba, encontré soluciones para comprármelo. El único problema fue el color, era rojo (por eso costaba menos, porque nadie lo quería) y no era blanco como lo había manifestado, pero mi marido lo solucionó de inmediato, le cambió el color y le dio un color único: blanco perlado, uno que nadie tiene. Terminó siendo mucho mejor que haberlo comprado de color blanco puro. A las dos semanas de hacer el *test driver* estaba firmando los papeles del auto y mi Range Rover ya estaba estacionado frente a mi casa con mi nombre en él.

¡Esto que te estoy contando responde totalmente a la ley de atracción, al enfoque en ganar y lograrlo sí o sí y a hacer las preguntas correctas! Yo establecí un tiempo de logro de cuatro meses y con estas tres cosas y tomando acción, lo logré en dos semanas. Mi marido ni siquiera lo podía creer. Yo sí lo podía creer porque sé el poder que tengo y tú también tienes el mismo poder; solo necesitas enfocarte en ganar y así lograr la confianza, la seguridad y la certeza que se requiere.

Quiero aclararte esto, jamás esperes lograr algo para desarrollar autoestima, la autoestima viene antes. Obviamente, luego de firmar los papeles yo saltaba de felicidad, de agradecimiento, de confianza y seguridad en mí. Pero si tú crees que tienes que lograr algo para tener autoestima, vas a tener un gran problema.

En este punto seguramente te estarás preguntando cómo puedes tener autoestima si no has logrado aún eso que deseas. Es fácil tener seguridad en ti cuando ves los resultados, cuando todo el mundo te celebra, cuando tienes evidencia de que sí eres capaz, pero acá no estamos para hacer lo fácil, estamos para hacer lo difícil, porque eso es lo que te va ayudar a ganar siempre.

Tienes que tener confianza en ti misma cuando nadie cree en ti, cuando todos te dicen que no lo vas a lograr, que no vas a poder, cuando no tienes los resultados que quieres.

«Acá no estamos para hacer lo fácil, acá estamos para hacer lo difícil porque eso te va ayudar a ganar siempre».

Cuando yo empecé con el *coaching* nadie miraba mis *reels*, nadie los comentaba, nadie daba «me gusta» a ningún video, nadie compraba mis programas, nadie tenía sesiones conmigo, tenía cero evidencia de que iba a funcionar, pasé más de un año con tan solo menos de dos mil seguidores en Instagram, casi ninguna venta de mis programas y poquitas reservaciones para mis sesiones de *coaching*.

Si estuvieras en mi lugar, ¿hubieras confiado en ti misma?, ¿hubieras dedicado nueve o diez horas por día, todos los días, creando contenido que nadie miraba?, ¿creando programas que nadie compraba? ¿En cuánto tiempo hubieras renunciado?, ¿cómo hubiera sido tu autoestima? Y no te voy a decir que yo todos los días confiaba en mí y me presentaba con total certeza, tuve muchos días grises, tuve días en que quise renunciar y mandarlo todo a la mier..., días que no tenía ganas de intentarlo, en los cuales tenía cero autoestima, cero confianza en mí.

Pero los tomé tal cual eran: solo días. No dejé que esos días se conviertan en mi realidad, no dejé que me dominara ese sentimiento, así que la mayoría de los días yo me esforzada por tener fe, confianza, seguridad, por presentarme con autoestima de leona. Para mí había solo una posibilidad: ganar o ganar, lograrlo o lograrlo, no importaba cuánto me pudiera costar.

Mi exsocia no tuvo ese mismo enfoque. Al principio yo estaba en sociedad con otra *coach*, pero al año de intentarlo ella abandonó y en ese momento mis dudas también vinieron, tuve muchos miedos, ahora la responsabilidad del éxito era solo mía, ya no era compartida.

Ahora solo dependía de mí, así que mi enfoque fue este: tengo que trabajar doble, más duro y más fuerte y al cabo de dos meses en que ella dejó mi empresa, empecé a crecer más y más y más y más. Hoy con más de 1,5 millones de seguidores, con mi agenda completamente reservada, con una empresa que crece día a día, estoy tan orgullosa de eso, feliz, con autoestima alta, con confianza, ayudando a miles de mujeres, recibo miles de mensajes al día de mujeres que agradecen por mi ayuda y que me mandan tanto amor.

Es verdad, ahora es fácil tener autoestima y seguridad en mí porque tengo evidencia, tengo resultados, pero ¿sabes cuál es el verdadero secreto? Que yo creí en mí cuando nadie más lo hacía, yo creí en mí cuando nadie me escuchaba, yo creí en mí cuando gente que me conocía se reía de mis videos, yo creí en mí cuando no tenía pruebas de que lo iba a lograr, cuando no veía el camino con claridad, yo seguí y confié en mí. ¿Por qué? Porque mi enfoque siempre fue ganar, siempre me repetí: «si lo puedo imaginar, lo puedo lograr», y esa certeza, esa seguridad, esa confianza es la que te quiero transmitir a ti.

Deseo con todo mi corazón que actives ese botón, ya lo hiciste varias veces antes. Dime, ¿cuántas cosas has logrado en tu vida que antes no tenías ni idea de cómo hacerlo porque te parecían imposibles? Pero lo lograste y cuando lo hiciste ¡buuum!, más autoestima, más confianza en ti, más seguridad, pero ¿por qué esperar hasta lograrlo? Imagínate ya mismo que lo logras y verás que todo va a llegar más rápido, vas a conseguir más cosas.

Condiciónate para ganar

¿Qué tal si te digo que hay una fórmula para el éxito? Una fórmula que si la aplicas a tu vida siempre vas a ganar. ¿Por qué crees que las personas que son ricas tienen cada vez más abundancia y por qué las personas que son pobres tienen cada vez menos? No me refiero solo al dinero, sino también a la abundancia emocional, social, espiritual, fisiológica y financiera.

Tony Robbins lo llama «el proceso del éxito» y está compuesto por cuatro elementos: tu potencial es lo primero, luego sigue la acción, después los resultados y, finalmente, tus creencias (certeza).

Estos elementos están conectados entre sí. Para lograr tener éxito necesitas tener potencial, el cual por sí solo no es suficiente, también tienes que tomar acción y dependiendo de tu potencial y la acción que tomes, vas a tener resultados, y sobre la base de los resultados que tengas vas desarrollando creencias sobre ti misma.

Ahora, dependiendo de cuanta acción tomes, tus resultados serán buenos o malos, pero quiero que razonemos juntas lo siguiente: ¿es suficiente tomar acción y ser capaz, tener potencial para obtener resultados positivos?

Hay gente que toma mucha acción, llama a cincuenta clientes por día, pero al fin y al cabo no tiene ningún resultado porque le está faltando algo. La acción es necesaria, pero no suficiente. La acción tiene que estar acompañada de la creencia, de tener confianza en ti misma, de lo contrario, tus resultados se van a ver afectados.

Todo tiene que empezar con las creencias, con tu certeza, que son la base del éxito y lo que muchas personas no tienen, pues podemos tener potencial y también tomar acción; sin embargo, si estamos llenas de creencias limitantes nuestros resultados van a ser nefastos siempre y con resultados nefastos nuestras creencias bajan, si nuestras creencias bajan, ponemos menos de nuestro potencial y también tomamos menos acción. Por ende, tenemos menos resultados y así sigue el círculo del fracaso, así vive gran parte de las personas.

Las personas de poco éxito viven en ese círculo de creencias limitantes que los llevan al potencial limitado, que los llevan a tomar menos acción, que los lleva a tener menos resultados y así más creencias limitantes...

Imagínate si esos trescientos sesenta y cinco días que estuve trabajando sin tener resultados yo me hubiera guiado por mis creencias limitantes. Me hubiera consumido en mis días grises.

¿Crees que hubiera trabajado ocho y hasta diez horas por día?, ¿crees que hubiera tomado tanta acción? Si yo hubiera dudado de mí no hubiera invertido mucho de mi potencial ni tomado tanta acción y es verdad que en esos momentos no tenía los resultados que quería, pero tenía algo mucho más importante: la certeza de que lo iba a lograr. Esa creencia era tan alta que no importaba si aún no había evidencia.

Volvamos a ti, volvamos a eso que quieres lograr en tu vida. Si tienes dudas de que lo vas a lograr, si no estás segura de poder hacerlo, ¿crees que vas a tomar mucha acción?, ¿qué vas a poner toda tu energía, tiempo, ganas, capacidad y atención? Con seguridad afirmo que no, harás solo el mínimo esfuerzo, porque no vas a querer arriesgar tu tiempo, energía y hasta dinero,

¿no es verdad? Si actúas así, tendrás resultados malos y si tienes resultados malos, ¿cómo crees que está tu autoestima?, ¿cómo crees que está la seguridad en ti?

Empieza a oírse esa vocecita dentro de ti: «¿Viste?, te dije que no lo ibas a lograr, te dije que no eras capaz», y lo peor de todo es que ahora sí hay evidencia de que no lo lograste, de esta manera tu autoestima baja más y más y así continúa el círculo, hasta que terminas haciendo una pregunta destructora: «¿Cómo puedo hacer lo mínimo e indispensable?». Así das los primeros pasos al camino de destrucción de tu éxito personal.

Entonces, conociendo esto, desde el momento en que te comprometes con lograr algo, tienes que estar al 100 % segura de que vas a ser capaz de alcanzarlo, tienes que tener la certeza de que es tuyo, porque de esa manera vas a usar todo tu potencial, vas a tomar miles de acciones y esto te va a llevar a increíbles resultados.

Cuando tengas esos resultados tu mente empezará a hablar de nuevo, pero esta vez te dirá: «Mmm, ¿viste?, eres un genio, lo lograste» y así aumenta más y más tu autoestima, tu confianza y entras así en el círculo del éxito.

Tu valor lo determinas tú

¿Te has preguntado alguna vez por qué las personas se drogan?, ¿por qué una persona tomaría algo sabiendo que es perjudicial para su vida y su salud? Yo pienso que lo hacen por la «satisfacción» que sienten al tomarla, se vuelven adictos a esa sensación de elevación que quizás los lleva a apagar el dolor o el sufrimiento que sienten, los ayuda a distraerlos. Algunas personas se vuelven tan adictas que terminan dando su vida por esa sustancia que consumen. No pueden controlar el deseo de tomarla.

Ahora bien, ¿qué tal si te dijera que a todos nos dieron una droga? Y muchas personas hacen lo que sea para tenerla a diario. Esta «droga» es la droga de la admiración, el respeto, el reconocimiento, los halagos. Estamos programados para ser adictos a la opinión de los demás.

Esta adición es el final de tu autoestima, ya que tu valor depende de lo que otras personas piensen o crean de ti, entonces, cualquier persona tiene el poder de hacerte sentir increíble o de hacerte sentir miserable. Te conviertes en una marioneta de los demás, pones en duda tu propio valor, tu juicio, y le das total credibilidad a lo que dicen de ti o piensan otras personas. Muchas de ellas ni siquiera te conocen ni tú las conoces a ellas.

Hoy por hoy, con las redes sociales, puedes estar fácilmente expuesta a críticas, al *bullying*, se volvieron «normales» los *haters*, personas que salen a destrozar a otras, pero que está garantizado no tienen una vida de ejemplo (de lo contrario no estarían repartiendo odio), no construyeron nada, no son felices y simplemente están sacando hacia afuera todo el dolor, el odio y la miseria que tienen dentro.

Esto también pasa en las relaciones. ¿Cuántas veces tu ex o quizás tu pareja actual te hizo sentir poco valiosa, poco deseada, fea, inútil, culpable? Yo también estuve ahí, durante muchos años perdí mi libertad poniendo mi felicidad en la opinión de otras personas.

¿Cómo podemos vivir en paz si estamos pendientes de la aceptación, opinión y amor de otros para sentirnos bien? Es así que nacen los miedos: miedos al qué dirán, miedos al abandono, miedo al rechazo y esto nos hace conformarnos con menos, «jugar» chiquito, no tomar acción, no ir por lo que merecemos.

Pero tranquila, como te mencioné anteriormente, la autoestima es algo que se crea y, por lo tanto, es algo que tú puedes tener, es algo que tú puedes crear para tu vida y volver a ser libre, dejar de vivir cambiando de canal entre la felicidad y la miseria, acorde con el botón que esa persona apriete en el control remoto. Si ellos tienen tu control remoto, eres esclava y adicta a la opinión ajena.

Para tomar control de tu vida, empoderarte, tener autoestima, debes renunciar a esa droga, debes desintoxicarte completamente, de lo contrario, vas a vivir sintiéndote miserable, sintiendo que no tienes control de tu vida y, por ende, viviendo una vida inferior a la que realmente te mereces.

Tenemos que aceptar que no va a pasar que por el resto de nuestras vidas tengamos a personas que estén constantemente diciéndonos lo increíble que somos, lo capaces que somos, lo hermosas que somos, lo inteligentes que somos, de seguro puede que haya personas que cada tanto te lo digan, pero esa aprobación y reconocimiento te será necesaria a diario, exactamente como una droga y eso no va a ocurrir, difícilmente tendrás un club de *fans* que a diario te diga lo increíble que eres, entonces no puedes poner tu felicidad en las manos de otras personas, porque te convertirás en una víctima: «mi pareja me hace sentir poco deseada», «el chico con el que salí ayer no me escribió», «mi ex ya consiguió pareja nueva».

Si continúas así, tu felicidad y estado de ánimo dependerán de lo que digan o hagan otras personas y creerás que esto es sostenible a largo plazo para tener la vida que te mereces. Pero no, no es así, por eso tienes que tomar la decisión ya mismo de desintoxicarte.

La única opinión válida y verdadera es la tuya, es lo que tú crees y lo que tú piensas de ti misma. Mucho cuidado con hacerlo desde un papel de víctima, diciendo: «es que nadie me va a querer con mi sobrepeso», «es que nadie me va aceptar con mis hijos», «es que estoy vieja», «es que no soy linda». ¡Jamás hables mal de ti misma!, ¡nunca! Para mí esta es la regla número uno, no me permito hablarme mal, no me permito insultarme y cada vez que mi mente trata de hacerlo (porque lo hace), inmediatamente revierto ese comentario u opinión por algo positivo y empoderador.

Muy por el contrario, me hablo con amor, me trato con amor, hago un esfuerzo por amar mis imperfecciones, por aceptarme como soy, por no ser tan dura conmigo misma, por tenerme paciencia. ¿Y sabes qué pasa cuando empiezo a tratarme así? Enseguida me doy cuenta cuando alguien no me traa con amor.

«La única opinión válida
y verdadera es la tuya
es lo que tú crees y lo que tú piensas
de ti misma».

Tienes que amarte tanto que de inmediato te des cuenta cuando alguien no te trata con respeto y amor, porque, cuando llegas a ese nivel, ya no aceptas maltratos, no aceptas menos de lo que te mereces, no te conformas con migajas, las etiquetas que te ponen ya no te duelen, ni te minimizan. Esto se llama retomar tu propio poder y no dárselo a nadie. Recuerda, nadie tiene el poder de hacerte sentir mal, tú le das ese poder. Si alguien te ignora, te critica, te trata mal y esto te hace sentir menos, eres tú la que estás otorgando ese poder.

Empieza afirmando cada día: «Lo que las personas piensen o crean de mí no me define». Cada vez que escuches una crítica o algo que te duela, repítete esa frase. Con el tiempo la vas a ir asimilando, la vas a ir aceptando, hasta que sea tu escudo mágico contra las críticas, los *haters*, los envidiosos, los matadores de sueños, los manipuladores, los abusadores. Te invito a que a partir de ahora utilices ese escudo todos los días.

V
LA IMAGEN TAMBIÉN CUENTA

El estilo es una forma de decir quién eres sin tener que hablar.

Rachel Zoe

Tu cuerpo, tu templo

Hay algo que por nada del mundo podemos dejar por fuera: nuestro exterior, es decir, nuestra imagen, porque es muy importante. Ya vamos a ver por qué. Ciertamente, hay un principio fundamental del cual parte nuestro bienestar integral, que es donde radica nuestra esencia vital: el trabajo interior. Pero no podemos negar que portamos un templo maravilloso que nos contiene, donde vamos a vivir por el resto de nuestros días y es el que proyecta el estado en que se encuentra nuestro ser interior: nuestro cuerpo.

Ese lugar es tu casa, tu espacio, y tienes que cuidarlo como un territorio verdaderamente sagrado. No como si lo fuera, sino como en verdad lo es, porque en realidad es tu lugar más sagrado.

Como cuidas tu cuerpo importa y está muy relacionado con la autoestima, con el amor propio que te tienes. Cuando tú amas algo lo cuidas, lo nutres, le prestas atención, le dedicas tiempo, ¿no? Normalmente, las personas que no aman su cuerpo hacen tooodo lo contrario, no lo cuidan, no le prestan atención, no lo nutren.

Muchas mujeres no cuidan su exterior porque —según ellas— no tienen el cuerpo «perfecto», entonces se desaniman, se comparan, terminan incluso odiándose y, por tanto, descuidándose.

Para empezar, debemos recordar que la perfección no existe. En segundo lugar, hay que saber que vinimos a este mundo con un solo cuerpo y no lo podemos cambiar, así que tenemos que aprender a amarlo con todas sus imperfecciones, con todo lo que no nos gusta de él, y tratarlo de la mejor manera para que esté en condiciones óptimas el mayor tiempo posible.

Si te amas, una de las evidencias más grandes de tu amor por ti es que amarás también tu cuerpo y esto significa cuidarlo, invirtiendo tiempo en él y dedicándole atención en nutrirlo y mejorarlo. Lo mejor de todo es que cuanto más cuides tu cuerpo mejor vas a estar contigo misma, por dentro y por fuera. Nuestro exterior está conectado con nuestro interior y cuando nos vemos bien, nos sentimos bien y viceversa.

Nuestro cuerpo, nuestra mente y nuestra alma están conectados. No podemos tener abundancia, ni éxito, ni felicidad si alguna de estas tres dimensiones no se encuentra bien. Las tres, en sintonía, tienen que estar al 100 % de su rendimiento, por eso tenemos que dar lo máximo que podamos para que se encuentren en balance.

¡Cuánta gente hay que quizás dedica su vida entera a producir dinero, a trabajar, y no cuidan su cuerpo ni su salud y luego de unos años tienen que invertir en su sanación todo el dinero que ganaron trabajando duramente! Es triste, ¿no crees?

Hay también personas que viven permanentemente con picos de estrés, esto es generado por un desequilibrio que luego los enferma irremediablemente. Es que no darle la importancia debida a nuestro templo, no darle la prioridad que le corresponde, puede resultar contraproducente al logro de nuestros proyectos de vida. ¿Cómo alcanzar nuestras metas si nos sentimos enfermas, cansadas y estresadas?

Una vez le escuché a alguien decir lo siguiente: «Una persona con salud tiene muchos deseos, pero una persona sin salud tiene solamente uno». Y es tan cierto, damos por sentado nuestra salud porque la tenemos, nos levantamos todos los días y nuestro cuerpo funciona, aunque para lograr sostener en el tiempo ese funcionamiento necesitamos dedicarle atención, cuidado y amor a nuestro cuerpo.

Si me conoces, ya sabes que además de ser *life coach* soy asesora de imagen y *fashion designer*. La moda siempre fue mi pasión y trabajé muchos años ayudando a mujeres a verse mejor. Y en este capítulo dedicado al mundo exterior, también te quiero ayudar a ti.

«Una persona con salud tiene muchos deseos, pero una persona sin salud tiene solamente uno».

¿Por qué es importante vernos bien?

Cuando hablamos de mejorar la imagen muchas veces se suele asociar con vanidad o con aspectos puramente superficiales. Sin embargo, se comprobó mediante estudios experimentales que cuando nos sentimos cómodas con nuestra propia imagen, se genera un impacto positivo en el ámbito personal y social. Sentirte cómoda contigo misma hace que te relaciones mejor con las personas y, lo más importante, que te relaciones mejor contigo misma.

Al respecto, deseo contarte mi experiencia. Yo soy una persona que se arregla todos los días, cualquier día de la semana, a cualquier hora siempre me vas a ver maquillada, con el pelo arreglado y muy bien vestida, incluso si no salgo de mi casa.

Cuando vino el COVID a nuestras vidas, fue una experiencia que me ayudó a comprobar lo mal que nos hace no presentarnos en nuestra mejor versión. Siempre fui amante de la moda y de todo lo que tiene que ver con belleza, pero cuando empezó la cuarentena, la primera semana hice como todo el mundo: me quedé en pijama. ¡Ni siquiera me pasaba el peine por el cabello! Me encerré en la idea de que porque no salía de mi casa tenía que estar desarreglada, no entrenaba y comía comida chatarra todos los días. Esta es una de las razones por las cuales en época de COVID aumentaron las cifras por sobrepeso y depresión. No obstante, ¿quién dijo que solo nos arreglamos para los demás? ¿Y de nosotras qué hay?

Esto es un grave error. De hecho, no es algo nuevo; muchas mujeres lo cometen, pues al estar casadas se dejan de mostrar al mundo en su mejor versión, se descuidan y realmente esto no está bien en ningún sentido. ¿Cuál es el mensaje que le estamos dando a quienes nos rodean cuando nos arreglamos únicamente para salir a la calle a trabajar, a estudiar, al ir de compras?, ¿acaso hay un manual que dice que las mujeres debemos estar desarregladas en casa y en la calle revelar nuestra mejor imagen? Tú eres la persona con la que más tiempo pasas, la mayoría cuida su forma de hablar, de actuar y de vestirse cuando están rodeados de mucha gente, pero cuando nadie mira se convierten en completamente otro ser (y no me refiero solo a la imagen) y la verdad es que lo único que importa es quién eres, cómo eres y lo que haces cuando nadie mira, porque esa es tu verdadera realidad. ¿Quién eres cuando nadie te está mirando?

Nuestros íntimos son las personas que más se merecen que nos presentemos ante ellos bellas y empoderadas. Nuestros hijos se sentirán orgullosos de tener una madre que siempre está radiante y al mismo tiempo les estaremos dando un ejemplo. Les estaremos dando la lección de que siempre, incluso entre las paredes del cálido hogar, debemos presentarnos en nuestra mejor versión.

Nuestros maridos se sentirán hinchados de admiración porque hemos mantenido en pie a esa mujer coqueta y bella de la cual se enamoraron. Imagina lo que puede sentir un hombre que durante el noviazgo y la conquista siempre vio a una mujer fresca, linda, bien vestida y perfumada, que irradiaba una imagen inquebrantable de esmero y dedicación de su aspecto físico, y luego de casados aflojó la cuerda del arreglo, el aseo personal y la estética. No quiero ser fuerte, pero seguramente se sentirá defraudado. Y seguramente tu mente ya te está llevando a excusas: «Bueno, pero tuve hijos, es que trabajo y no tengo tiempo». Esas son puras excusas. Hay mujeres que están casadas, tienen hijos, trabajan, y así y todo se hacen el tiempo para el cuidado personal y de su imagen. Todos tenemos veinticuatro horas, no te olvides. Lo que sí nos diferencia son las prioridades que tenemos.

No importa si solo vas a estar en tu casa, ese es el primer lugar donde debes sentirte bien porque es donde se encuentra la persona más importante de tu vida: TÚ.

«Todos tenemos 24 horas, lo único que nos diferencia son nuestras prioridades».

Cuando te sientes bella te vuelves segura, imparable, optimista; pero cuando te sientes fea o poco atractiva, tu brillo mengua, te sientes opaca, tu energía decae de tal manera que condiciona tu día entero. El día en que te sientes a gusto con tu imagen personal estás más alegre, más dispuesta a mostrarte al mundo con nuevas ideas, te sientes más importante, segura y valiosa.

Te voy a hacer una pregunta y solo tú sabrás cuál va a ser tu sensación al leerla: ¿eres de las que sale corriendo a arreglarse de manera improvisada cuando alguien llega a tu casa sin previo aviso?, ¿eres de las que le tienen pavor a una invitación repentina para salir a una reunión de trabajo, a una cita, a un encuentro entre amigos, con la pareja o con quien sea?, simplemente porque sabes tooodo el trabajo que en ti no has hecho durante días: depilarte, arreglarte las uñas de pies y manos, teñir tus canas, sacarte las cejas, entre otras cosas que has dejado para luego, en vista de que no ha llegado un evento «especial».

¡Uf! Seguramente te sentiste identificada con algunas de estas situaciones tan reales como comunes, tal vez incluso te dolió, pero, tranquila, no eres la única y es tiempo de reflexionar en torno a esto y darle el mejor de los giros a tu favor.

Yo lo puse a prueba durante la cuarentena a causa del COVID. Me di cuenta de que cuando me veo bien me siento mucho mejor conmigo misma, me miro al espejo y me hace sentir bien gustarme. Esa primera semana de encierro que no hice ejercicios, no cuidé mi alimentación y anduve en pijamas todo el día me sentía fatal y con la autoestima por el suelo, con nivel cero de empoderamiento, cada día dejaba de sentir seguridad en mí.

Y quiero que entiendas esto: arreglarte, vestirte bonito, maquillarte y tener el cabello prolijo ¡debes hacerlo por ti! Hacerte manicura, comer sano, ir al gimnasio ¡debes hacerlo por ti, por nadie más que por ti! No lo hagas por conquistar a alguien ni para impresionar a los de tu entorno. ¡Hazlo por ti misma!

Cuando me mudé a Estados Unidos obviamente no pude traer todo mi *placard* (mi hermana contenta porque le dejé casi la mitad de mis cosas). Tuve que ser muy selectiva con las cosas que traje y decidí dejar todos mis pijamas en Italia y, por una cosa o por otra, no me compraba los pijamas que necesitaba. Los primeros meses que estuve en Estados Unidos dormía siempre con una remera grande de mi marido y con un *short* también de él, y esto me hacía sentir tan fuera de mi eje que no te puedo explicar.

Cada vez que venía la hora de dormir me sentía desempoderada. Pasaba frente a un espejo y no me podía ni mirar. Si bien lo que estaba usando sí cumplía su función, que era ser una ropa cómoda para dormir, ¡yo me sentía fatal!

Al cabo de un mes o más me compré ocho pijamas y ahora sí me sentía una diva hasta para dormir. Cuando me levanto por la mañana lo primero que hago al abrir los ojos es verme como me proyecto, me encanta verme bien, porque sé que así mismo me voy a proyectar durante el día entero, como una mujer empoderada, una empresaria y una mujer abundante. Las remeras viejas de mi marido no iban con esa proyección que tengo de mí.

Pues bien, ¿por qué te cuento todo esto?, ¿por qué algo tan pequeño como una pijama puede tirar abajo la proyección que tienes de ti misma? ¿Te has preguntado alguna vez cómo proyectas? Ahora piensa: ¿cómo quieres que te vean los demás? ¿Te hiciste alguna vez estas preguntas?

Quizás estás frustrada porque no tienes claridad en cuanto a la imagen que quieres proyectar y al verte al espejo te terminas desilusionando. Es hora de que construyas una imagen clara de ti, de esa mujer en quien te quieres convertir, porque si no la tienes presente nunca va a ser; en cambio, mientras más dibujada esté en tu imaginación y mientras más presente esté en tus pensamientos, más vas a trabajar para que se personifique en ti.

En mi caso, me gusta proyectarme como una diva, como una mujer extremadamente elegante, billonaria, empresaria, empoderada, líder y abundante. Cada día pongo mi mayor esfuerzo por comportarme y sentirme exactamente como me visualizo. Si bien muchas de esas características aun no las tengo (como ser billonaria), es a donde quiero llegar, es en lo que me quiero convertir y no voy a esperar hasta que ese día llegue para sentirme así, lo hago ya mismo con lo que tengo y lo que soy hoy. Cuánto más esté conectada con esa Yanina en que me voy a convertir en el futuro, más rápido va a llegar a mí, entonces, mi energía se expande, mi vibración aumenta y estoy segura de que eso es lo que voy a atraer. No lo digo yo, lo dice la ley de la atracción y lo he comprobado muchísimas veces.

Sin conocerte te puedo garantizar que cuando te maquillas, te vistes bonito y te arreglas el cabello, te sientes mucho mejor que cuando no lo haces. Uno de mis primeras publicaciones virales en las redes sociales fue un video en el que hablaba del error que yo cometía antes. Me compraba ropa muy bonita y nunca me la ponía, siempre estaba esperando el momento «oportuno». Lo triste es que ese momento nunca llegaba. Mi ropa se quedaba vieja, fuera de moda o ya no me gustaba, invertía dinero por una prenda que no salía de mi *placard.*

Este video fue viral porque muchas mujeres se identificaron con eso que dije. Quizás hoy tú seas una de ellas, te compras cosas bonitas que nunca usas, siempre te pones la misma ropa más viejita y guardas esas prendas hermosas para un momento «especial»; sin embargo, déjame decirte algo: estás cometiendo un error. ¡Tú eres ese momento especial! No necesitas vestirte o maquillarte solo para un evento, para alguien o para algo. Lo tienes que hacer por ti y para ti, está comprobado que te hace sentir mejor y eso es lo que buscamos, ¿verdad?

Entonces, si ya sabemos que esto nos ayuda a hacerlo, ¿por qué no ponerlo en práctica? Hoy, mañana y todos los días, crea un hábito de ponerte aún más bonita de lo que ya eres, potencia tu belleza, tu exterior.

Es importante poner esto de primero en la lista de las prioridades y no tengas vergüenza del qué dirán o de lo que van a pensar si hoy, quizás, te pones un labial rojo o usas unos tacones. No importa lo que las demás personas digan, si se burlan o no, lo que importa es cómo te vas a sentir tú; no te minimices para encajar, porque te estás diciendo que no a ti misma por miedo a lo que van a pensar o decir los otros.

Con el tiempo aprendí que las personas y mi entorno se tienen que acostumbrar a cada versión mejorada de mí y si no lo hacen, entonces pueden apartarse. Lo mismo te digo a ti, si tu brillo les encandila a los de tu alrededor, si verte bien y mejor les molesta, entonces pueden apartarse de tu camino porque esa gente no suma a tu vida y no quiere lo mejor para ti; te quieren desempoderada, desarreglada, sin brillo y ese es un indicador de que esas personas no deberían formar parte de tu vida.

Como todo en este libro es poner en práctica lo aprendido, te invito a ponerte más bella hoy, levántate ahorita mismo, haz una pausa de la lectura, ve, arréglate y vuelve.

Sin duda tú eres bella tal y como eres, Dios te hizo perfecta; pero, así como hay herramientas, por ejemplo, para mejorar tu *mindset*, también hay herramientas para mejorar tu imagen externa. ¡Úsalas, aprovéchalas para ti!

Hoy es el día para deshacerte de toda esa ropa que no te hace sentir en tu mejor versión. Todo eso que ya está viejito o sin color no va acorde con esta nueva tú.

Y no hace falta salir a invertir un dineral en ropa nueva, simplemente empieza a usar eso que guardas para una ocasión «especial», eso que no quieres usar para que no se «gaste». Yo sé que tienes un montón de prendas así en tu *placard*, empieza a usarlas todos los días, cambia la manera en la que te presentas al mundo.

Tu exterior es una representación de tu interior y en los capítulos anteriores lo estuvimos trabajando, estoy segurísima de que ese interior está empezando a brillar, a florecer, ahora acompañémoslo con un exterior bien presentado, resplandeciente de belleza.

Tips de cuidado personal

Es muy importante que cuidemos nuestra mente, nuestra alma y nuestro cuerpo. Justo en este espacio me quiero enfocar en el cuidado personal. La rutina, la casa, los hijos, el trabajo, quizás hagan que te pongas siempre en segundo lugar. Ya vimos anteriormente cómo esto es muy egoísta, ya que no estás dando lo mejor de ti a la gente que amas. Recuerda, primero debes estar bien TÚ para que puedas dar lo mejor de ti, procura ser siempre tu mejor versión.

Ahora, deseo resaltar algunos pasos importantes para tu cuidado personal:

1. **Escucha tu cuerpo:** Nuestro cuerpo nos habla, así que escúchalo. Si sientes que estás cansada, descansa. Ponte límites con amor, aprende a decir que no y libera tiempo de tu agenda para no hacer nada,

simplemente para estar tranquila; vivimos todo el tiempo en el modo hacer-hacer, pero no nos damos tiempo para «ser». Libera una hora o dos a la semana solo para ser, para relajarte, para conectar contigo misma, para hacer las cosas que te gustan o simplemente para hacer una pausa, quizás hacerte un baño de espumas, leer un libro, meditar o únicamente para estar en silencio contigo misma.

2. **Desconéctate de las redes sociales y de tu teléfono:** Personalmente, trabajo en las redes sociales y la verdad es que las amo, gracias a ellas tú y yo estamos conectadas, no obstante, tenemos que ser conscientes del tiempo que invertimos en ellas, ya que son muy adictivas y podemos pasarnos horas y horas navegando sin rumbo. Limita tu tiempo de interconexión y determina a partir de qué hora te vas a desconectar completamente. Un tiempo atrás yo ponía mi teléfono a las 9:00 p. m. en completo silencio; sin embargo, hace un par de meses decidí tener mi teléfono todo el día en completo silencio, yo decido qué hacer con mi tiempo, no una notificación o una llamada. Prefiero no recibir notificaciones que interrumpan mi creatividad, concentración y productividad o un momento en familia o con amigos. Tengo a mis familiares en emergencia, así que el resto del mundo puede esperar, no voy a darle el control remoto de mi vida a un comentario en Instagram o un

WhatsApp de los cientos de grupos en los que estoy. ¿Cuándo fue la última vez que te desconectaste? ¿Tienes límites de uso de tus redes sociales y teléfono?

3. **Cuida tu vista:** Hablando de las redes sociales, de pasar mucho tiempo con el móvil, en la PC o mirando el televisor, es importante que cuides tu vista. Te recomiendo que te hagas chequeos y que, además, te protejas tu vista de la pantalla azul y también del sol. Así como existen lentes oscuros que te ayudan a protegerte de los rayos solares, también existen lentes que te protegen la vista de la pantalla, no necesitas prescripción médica para adquirirlos y los puedes conseguir en Amazon.

4. **Cuida de tu piel:** Tenemos que poner total atención al cuidado de la piel de nuestro rostro. La limpieza de cutis tiene que ser a diario, te maquilles o no, por las mañanas cuando te despiertes y por las noches antes de irte a dormir. Si te maquillas, jamás, pero jamás, te vayas a dormir con maquillaje, usa un desmaquillador, un tónico y también puedes utilizar un jabón facial. Una vez por semana deberías realizarte una exfoliación, que es una limpieza a profundidad, además, podrías agregar a esa rutina una máscara facial luego de la exfoliación. Por lo general, los fines de semanas siempre le dedico media hora a mi rutina

de belleza facial, me hago una exfoliación profunda en todo el cuerpo, así como en el rostro y luego me coloco una pomada hidratante que dejo actuar por quince minutos y hago lo mismo con mi cabello. Te invito a que lo conviertas en un hábito tú también.

5. **Duerme bien:** Nuestro cuerpo necesita descansar, necesita tener al menos siete u ocho horas de sueño. Esto no tiene que ser negociable para ti, tienes que ser disciplinada con tus horarios de sueño, calcula a qué hora te debes ir a dormir todos los días para tener siete u ocho horas de sueño y no te pases de esa hora. Yo, durante la semana no me duermo a más de las 10:30 p. m. Obviamente tu horario va a ser distinto del mío, depende a qué hora te tengas que levantar.

6. **Toma agua y comer sano**: Y el punto 7 es el ejercicio... No quiero profundizar en este punto ahora, porque, en los siguientes capítulos hablaremos de esto, pero dentro de nuestro cuidado personal está nuestra alimentación y también realizar ejercicios. Ya sabes que esto es necesario para cuidar nuestro templo sagrado, que es nuestro cuerpo. No puedes poner excusas como: «No tengo tiempo para comer sano o hacer ejercicios», tienes que hacerte el tiempo porque esto debería ser tu prioridad. Recuerda, «una persona con buena salud tiene miles de deseos,

una persona con problemas de salud tiene solo uno»: recuperarse. No reduzcas tu vida a ese único deseo, piensa a largo plazo y cuida tu templo sagrado.

Importancia de la alimentación

Siempre digo que somos los que hacemos, ¡pero también somos lo que comemos! Tu salud tienes que cuidarla ahora, ya mismo, no esperes padecer algo para prestarle atención, tu yo del futuro te lo va a agradecer. Empecemos hablando un poquito de algunos de los efectos de la comida basura:

1. **Problemas de memoria y aprendizaje**: Una mala alimentación puede generar reacciones químicas que llevan a la inflamación del hipocampo. Esto está asociado con la memoria.

2. **Genera fatiga, debilidad y adicción:** La comida chatarra carece de nutrientes esenciales como vitaminas o minerales que el cuerpo necesita para mantenerse saludable.

3. **Aumenta el riesgo de padecer enfermedades cardiovasculares, diabetes y cáncer:** El gran contenido de grasas saturadas y grasas trans produce placas en los vasos sanguíneos y contribuye con procesos inflamatorios crónicos que pueden generar diabetes o cáncer.

4. **Aumenta el riesgo de padecer depresión:** Hay una estadística que afirma que las personas que consumen comida chatarra tienen más de un 50 % de riesgo de padecer depresión con respecto a las personas que comen de manera saludable.

Ahora bien, ¿qué significa tener una alimentación saludable? No hay una guía única, ya que cada persona es distinta, entonces, depende mucho de sus características personales y su estilo de vida. Esto es lo que se llama inmunonutrición.

«Somos lo que hacemos, pero también somos lo que comemos».

Una dieta equilibrada será muy diferente para un niño que para un adulto o una mujer embarazada; para una persona que practica diariamente deporte o para una persona sedentaria.

Es importante que tengas claro que el objetivo de la alimentación sana no es alcanzar un peso determinado o un canon de belleza establecido, sino aprender a proporcionarle a tu cuerpo todos los nutrientes que necesitas para que pueda funcionar correctamente y evitar enfermedades.

Quiero aclarar que yo no soy nutricionista y no estoy aquí para darte una dieta ni para decirte qué deberías comer y qué no, simplemente estoy dándote una información para que a partir de ahí empieces a investigar y, en caso de que lo decidas, contactes a un profesional del área, quien pueda ayudarte a encontrar la mejor solución para ti.

Por un lado, la clave de una buena alimentación es entender qué es lo que tu cuerpo necesita y, por otro lado, entender qué alimentos estás consumiendo, saber leer las etiquetas, muchos de los productos que se comercializan como saludables en realidad están llenos de azúcar y conservantes. Otro gran consejo que te doy es que evites la pastelería industrial, la mayoría de los alimentos de este tipo contienen azúcar entre los primeros ingredientes.

Yo trato de mantener una alimentación saludable y balanceada, pero eso no significa que jamás coma una hamburguesa o un helado, ¡claro que lo hago! Solo que lo hago de manera balanceada, entonces mi salud no se ve afectada. Yo no veo mi alimentación como llevar un régimen alimenticio, lo veo como un estilo de vida que elegí hace muchos años.

En mi casa no entra nada que no sea saludable, yo no compro en el supermercado chocolates, galletitas o cosas fritas ni procesadas. Todo lo que compro trato de que sea saludable, porque es lo que quiero consumir; me condiciono para eso. Lo que hago, por ejemplo, como me gusta también comer afuera, durante el fin de semana salgo a comer y ahí sí que como absolutamente de todo, no me privo de dulces ni de cosas fritas. Eso sí, solamente lo hago una comida por semana, de manera que no afecte mi salud y también pueda disfrutar de comidas no saludables cada tanto. Empieza a balancear lo que comes y a reducir lo más que puedas los alimentos no saludables.

Muy importante, ¡no te olvides del agua! Es lo principal, nuestro cuerpo necesita suficiente consumo de agua a diario. Hace un tiempo me compré una botella de tres litros y medio que mide la cantidad de agua que tengo que tomar a cada hora; aunque parezca un poquito extremo, para mí es prioridad consumir suficiente agua todos los días, entonces, mido y controlo, mi objetivo equivale a tres litros y medios por día.

Ejercicio y entrenamiento

La verdad, yo empecé a hacer ejercicios desde los quince años y prácticamente desde ahí no paré, para mí es una obligación, no lo veo como una opción: es que tengo que hacer ejercicios; me condicioné mental y físicamente para que así sea porque sé que es un hábito saludable, que le hace bien a mi cuerpo, a mi salud, a mi mente y a mi estado de ánimo.

Si no hago ejercicio a diario, no me siento bien, no me siento con energía, no me siento contenta conmigo misma. Ir al gimnasio se convirtió en una rutina para mí tan importante como respirar, no importa si estoy de vacaciones, siempre busco hoteles con *gym*, no importa si estoy cansada o si tengo mucho trabajo, siempre me hago el tiempo para entrenar. Y lo vuelvo a repetir ME HAGO el tiempo para entrenar, la excusa más común es yo no tengo tiempo, lo escucho a diario, y la verdad es que NADIE tiene tiempo, todos vivimos una vida ocupada, trabajo, casa, hijos... El tiempo TE LO TIENES QUE HACER.

Únicamente no cumplo con esta rutina cuando estoy enferma, de lo contrario no hay excusas y me gustaría transmitirte esta motivación y estas ganas a ti también, porque sé cuánto va a cambiar tu vida, tu cuerpo y tu salud si lo haces.

Cuando hablo de este tema siempre digo: «Si vas a tener un vicio, que sea un vicio bueno como hacer ejercicios». ¡Los beneficios son tantos!, déjame que te nombre algunos: te ayuda a controlar tu peso, a prevenir enfermedades como la diabetes, la presión arterial, la ansiedad, la depresión, también mejora tu estado de ánimo, aumenta tu energía, mejora la calidad de tu sueño y, además, eliminas toxinas al transpirar, lo cual es muy importante.

Hay un secreto para lograr la motivación de hacer actividad física y es encontrar algo que te guste, algo que te apasione, algo que no sea un sacrificio hacerlo porque si es así, tarde o temprano vas a terminar renunciando. Lo que me apasiona a mí puede ser completamente distinto a lo que te apasiona a ti, entonces, ¿cuál es la mejor actividad para ti? Solo tú lo sabes, ¡búscala y encuéntrala!

Quizás ir al gimnasio no es lo tuyo, no obstante, puede ser correr o salir a caminar, hacer boxeo, nadar o bailar, quizás un deporte en equipo como el voleibol. Hay tantas, tantas opciones que lo mejor es empezar a probar, a experimentar y a ver con cuál te sientes más cómoda.

Te digo de nuevo, el secreto está en que ames lo que elijas, que no sea una obligación ni algo pesado para ti, tiene que ser algo que disfrutes tanto que no te importe si llueve, si hace frío o si estás cansada, igual lo vas a hacer porque lo amas.

A mí todo el tiempo me preguntan qué actividades hago e indagan acerca de cómo entreno, pero ese no es el secreto, el secreto es que encuentres algo que sea tu pasión, pues la verdadera clave está en la constancia, en hacerlo todos los días de tu vida, obviamente, con descansos. Ejercítate mínimo tres veces por semana.

Si no conviertes la alimentación saludable y al ejercicio en un hábito, no vas a lograr los resultados que quieres, se trata de hacerlo un estilo de vida y no una dieta o algo que haces para estar bien, quizás para una ocasión especial.

Así que hoy te quiero dejar un pequeño ejercicio... Si ya tienes alguna actividad que te gusta, empieza a organizarte y a ponerla como una obligación en tu agenda, tiene que ser como cepillarte los dientes o vestirte; es algo que tienes que hacer sí o sí, sin excusas. Si no tienes algo que te apasione aún, te pido que empieces a indagar, a probar, solo ¡empieza hoy! Ya mismo tienes que averiguar, este libro no es para leerlo y guardarlo en tu repisa; este libro es para actuar, para tomar acción y esa acción tiene que ser tomada ¡ya! El cambio tiene que empezar ahora mismo.

Eleva tu imagen personal

Pasemos ahora a la imagen. Hablaremos pura y exclusivamente de nuestra imagen, esa que habla por nosotras mismas, que nos representa e importa. No es vanidad (como te mencione anteriormente). Como te presentas al mundo tiene un impacto en la manera como el mundo va a responderte, hay un dicho que concuerda con esto y dice «Como te ven, te tratan». Si demuestras que te respetas y te cuidas, tienes altas probabilidades de que otras personas también lo hagan. Recuerda, atraemos lo que somos, no lo que queremos.

Antes de continuar quiero compartir contigo algunos *tips* acerca de la vestimenta porque considero que vestirte bonito es importante:

- Vestirte es tu oportunidad para ser creativa todos los días.
- Estás honrando tu belleza y tu cuerpo.
- Con ello demuestras que te respetas y te amas. Es una señal de amor propio.
- Las demás personas van a tener confianza en ti y, además, te respetarán también.

- Verte bien te ayuda a sentirte bien. ¡Cuando luces bien, te sientes bien!
- Vestirte es un arte, estás contribuyendo con la belleza de este mundo.

«*Como te ven, te tratan*».

Pasemos ahora a hablar del estilo

Muchas personas confunden estilo con la moda, pero el estilo permanece en el tiempo, puesto que es la expresión de la individualidad, de nuestra forma de vida, de nuestros gustos y personalidad.

El estilo es aquello que nos diferencia del resto y caracteriza nuestra personalidad. Le decimos al mundo quiénes somos, qué nos gusta y qué queremos de la vida a través de nuestro estilo. En cambio, la moda dura seis meses, cambia cada temporada y está sujeta a las investigaciones y estudios de la élite que la maneja.

El estilo personal surge de conocer quién eres, dónde estás y a dónde quiere ir, y se mezcla o refleja tu estilo de vida, tus gustos y tus conocimientos. La ropa no es tu estilo, es una simple manera de expresarlo. Tu estilo personal es tu marca, es tu huella.

Hoy te voy a ayudar a encontrar tu propio estilo, ese que te identifica y va acorde con tu personalidad, gustos y estilo de vida, que te ayuda a sentirte bien y cómoda contigo misma y esto te ayudará en todas las áreas de tu vida: avanzar en el trabajo, encontrar pareja, tener autoestima, presentarte acorde con quien te proyectas.

Y, por último, pero no menos importante, tener tu propio estilo va a mejorar tu eficiencia al comprar. Cuando conoces qué te gusta, todo va a girar en torno a un mismo eje que representa tu estilo personal, vas a identificar con facilidad qué sí y qué no va contigo.

Voy a describirte cuatro tipos de estilos para que tú puedas identificar el tuyo. Cabe aclarar que no solo tienes que elegir uno de ellos, puedes hacer una combinación, por ejemplo: en mi caso personal, yo soy un 80 % estilo creativo y un 20 % estilo provocativo.

- Estilo creativo: las mujeres de estilo creativo son mujeres aventureras, arriesgadas e innovadoras. Es un *look* único, está fuera de los esquemas, no tiene una estructura específica, sino que sigue el humor del momento, siempre muy caracterizado por la creatividad. La mujer que se encuentra dentro de este estilo no tiene miedo al qué dirán, experimenta los colores, las texturas, los cortes y las tendencias libremente. Le encanta todo lo que es original y particular.

Las claves del estilo creativo son:

1. Los colores: la gama es tan amplia como los colores que existen.
2. Los estampados: el estilo creativo combina distintos estampados en un mismo *look*.

3. El estilo sobre estilo: mezcla tendencias, prendas o estilos en un *look*.
4. Los bolsos: originales, ya sea en su forma o estampado.
5. Los zapatos: desde las zapatillas para un *look* urbano, mocasines, zapatos de taco; todas las formas van con este estilo.
6. Los cortes asimétricos son clave de este estilo, le dan ese toque original.

- Estilo tradicional: este estilo está representado por una mujer estable, madura y centrada. Es una mujer conservadora y firme, que no busca llamar la atención. Sus prendas son estructuradas, sobrias y neutras. Tiene como principal objetivo proyectar credibilidad y responsabilidad. Busca mostrar seriedad y profesionalismo, ser reflejo de alguien confiable, responsable y en ocasiones, una persona con mentalidad cerrada.

Claves del estilo tradicional:

7. Sus prendas son discretas, sus combinaciones son sencillas y los cortes muy clásicos. A este tipo de mujer la vemos normalmente con sacos, *blazers* y elementos típicos del ámbito laboral. Este estilo se caracteriza por el uso de prendas clásicas que demuestran feminidad.

8. Colores neutros, oscuros o tonos pasteles.
9. Zapatos y carteras clásicos.
10. No sigue a la moda, se apega siempre a los básicos.
11. Valora mucho la calidad de las prendas, en vez de la cantidad.

- Estilo romántico: está representado por una mujer cariñosa, femenina y delicada. Es una mujer muy cuidadosa y muy prudente con la manera en la que actúa. Es una mujer muy inocente, tierna y dulce. Proyecta mucha feminidad y calidez. No tiene miedo de mostrar su lado infantil y su sensibilidad. El estilo romántico comunica apertura y bondad. No genera ningún tipo de distanciamiento porque no es imponente, al contrario, atrae por ser tan cálida.

Claves del estilo romántico:

1. Los materiales de las prendas son livianos y de caída suave.
2. Los colores predominantes son claros, pasteles y en especial de tono rosa (color que simboliza dulzura y sensibilidad).
3. Le gusta las prendas con volumen, volantes y plisados.
4. En este estilo predomina el encaje, la seda y los detalles bordados.

5. Estampa preferida: floral o circular.

- Estilo provocativo: es un estilo que caracteriza a una mujer imponente con mucha seguridad y atrevimiento. Es una mujer muy extrovertida, atrevida, con gran confianza en sí misma. Jamás pasa desapercibida, es siempre el centro de atención. Es una mujer a la que no le incomoda destacar su figura y dejar libre su coquetería en cada detalle que lleva en su *look*. Conoce su cuerpo muy bien y sabe resaltar sus atributos.

Las claves del estilo provocativo:

1. Predominan las prendas ajustadas y cortas.
2. Escote pronunciado: ya sea en *tops* o blusas, mostrando el cuello y parte del escote, no de manera vulgar, sino sutil y sensual.
3. Zapatos: tacos para lucir las piernas más largas y darle ese toque *sexy* a su *outfit*.
4. No pueden faltar los bordados, el encaje y las transparencias.
5. Estampa preferida: el *animal print*, ya que resalta una actitud dominante, así como las flores, los puntos o las rayas.
6. Carteras de tamaño pequeño.

Ahora solo falta que identifiques tu propio estilo. ¿Con qué estilo te identificas? ¿Cuál crees es más acorde con tus características personales?

¿Qué prendas te quedan bien?

Hay distintos tipos de cuerpos, todas somos diferentes y conocer nuestro cuerpo nos permite identificar qué prendas nos quedan bien y cuáles deberíamos evitar.

No todos los estilos, formas y cortes van con tu tipo de cuerpo. El secreto es buscar proporción y armonía para crear la «silueta perfecta». Cuando digo «silueta perfecta» me refiero a una silueta armónica, en la cual la medida de tus hombros está alineada con tus caderas, acentuando tu cintura. Una silueta armónica sería como la figura del reloj arena. Independientemente del tipo de cuerpo que tengas, el objetivo será siempre asemejarse a la figura reloj de arena.

Veamos ahora los cinco tipos de cuerpos que existen. Intenta identificar a través de esta lista qué tipo de cuerpo es el tuyo, pero antes:

1. Ponte en ropa interior (sin brasier con relleno).
2. Toma la cinta métrica y pásatela por los hombros.
3. Toma la medida de tu cintura. La posición ideal es justo arriba del ombligo.
4. Toma la medida de tus caderas. En la parte más voluminosa de tu glúteo.

Con esas tres medidas puedes determinar qué tipo de cuerpo tienes.

LOS CINCO TIPOS DE SILUETAS FEMENINAS

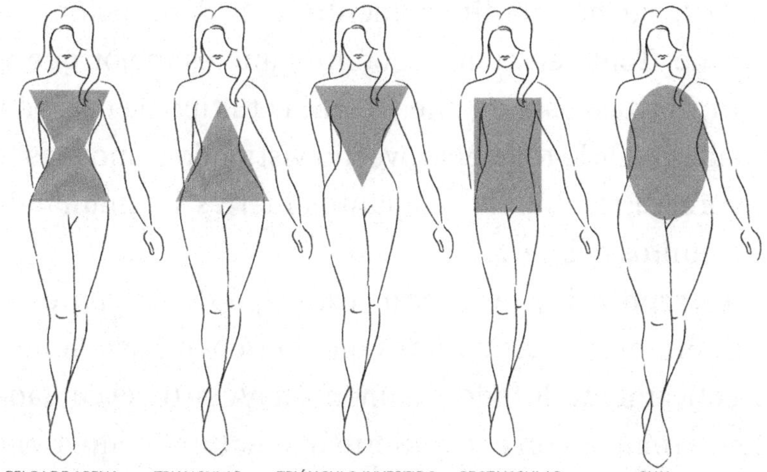

- **Cuerpo reloj de arena:** medida de hombros y caderas iguales, y medida de la cintura menor que los hombros y caderas.
- **Cuerpo triangular:** hombros de menor medida que la cintura y las caderas.
- **Cuerpo triángulo invertido:** los hombros son los de mayor medida, más que la cintura y las caderas.
- **Cuerpo rectangular:** hombros, caderas y cintura de la misma medida.
- **Cuerpo oval:** la medida de la cintura es mucho más grande que hombros y caderas.

Una vez que hayas identificado qué tipo de cuerpo tienes, puedes ir directamente a la descripción del mismo. Toma en cuenta que ninguno es mejor que el otro, el truco está en que conozcas tu tipo de cuerpo y puedas sacarle todo el provecho vistiendo como más te favorezca resaltando tus puntos fuertes y camuflando tus puntos débiles.

Cuerpo reloj de arena: este tipo de cuerpo es el más armónico. Las mujeres que lo tienen pueden usar prácticamente de todo, solamente hay que tener cuidado de no romper con el equilibrio que naturalmente tiene su cuerpo.

Qué usar cuando se tiene este tipo de cuerpo:

1. Escote en V.
2. Cintos.
3. Prendas que se estrechan en la cintura.
4. Prendas con costura en la cintura.
5. Vestidos cruzados.
6. Blusas que terminan en la cintura.
7. Pantalones y pollera cintura alta.

Tips: si este es tu tipo de cuerpo, acentúa tu cintura con un cinto todas las veces que puedas, ya que la cintura es tu punto fuerte. Úsalo sobre remeras, vestidos, chaquetas. También puedes enfocar la cintura con una camisa o top *cropped* con unos pantalones de pinzas de tiro alto, o simplemente usando un corsé.

Cuerpo triangular: este tipo de cuerpo se caracteriza porque la parte superior es más delgada, la cintura puede que sea pronunciada o no y las caderas son abundantes.

Con este estilo el objetivo principal es darles volumen a los hombros para crear armonía en el cuerpo. Debemos enfocar la atención en la parte superior y destacarla para dar un efecto de hombros más anchos y equilibrar la figura.

Qué usar cuando se tiene este tipo de cuerpo:

1. Escotes anchos como los escotes tipo barco y los redondos que ensanchan visualmente tus hombros.
2. Los escotes de corazón que resaltan el busto haciendo que luzca más grande.
3. Las prendas superiores coloridas o estampadas, ya que ponen el foco de atención en la parte de arriba del cuerpo.
4. Los pantalones de colores apagados y oscuros.
5. Pantalones de corte ancho, pues ayudan a disimular las caderas.
6. Pantalones rectos, *palazzos* que dibujen una línea recta desde las caderas hasta los pies.
7. Las blusas y vestidos sin tirantes también pueden hacer que tus hombros y tu busto luzcan más anchos si es este tu estilo de cuerpo.
8. Las blusas que sean ajustadas en la parte de la cintura.

9. Capas de prendas en la parte superior de tu cuerpo para así dar volumen a tu torso, no olvides usar un cinto para marcar la cintura.
10. Las blusas que tienen adornos cerca del cuello hacen que los hombros y el cuello luzcan más largos. Elige una variedad de blusas que tengan adornos de pedrería, lazos o collares cerca del cuello. La idea es dirigir la atención a la parte superior y dar menos énfasis a la parte inferior.
11. Vestidos corte A o rectos.
12. Bufanda o pañuelos.
13. Prendas entalladas a la altura de la cintura y con caída holgada por debajo de la parte central del cuerpo.
14. Pantalones de cintura alta.
15. Camisas y blusas asimétricas.
16. Sostén *push up* para agregar curvas en la parte superior.

Qué evitar con este tipo de cuerpo:

1. Adornos en la parte baja del cuerpo.
2. Colores claros o telas rígidas para las prendas que van debajo de la cintura.
3. Pantalones tipo «capri». Los pantalones siempre deben ser largos para que estilicen las piernas y afinen la zona inferior.

4. Cortes muy a la cadera. Las prendas superiores muy largas, ya que se terminan encima de las caderas, agregando volumen a la zona.
5. Evitar los cinturones a la cadera, los estampados grandes, los vestidos globo y faldas y pantalones muy cortos.
6. Los pantalones cortos o muy ajustados, pues, resaltan las caderas y los muslos anchos.
7. Se recomiendan las faldas y los pantalones con estampados llamativos, porque dirigen el foco de las miradas hacia la parte más ancha de un cuerpo pera.

Cuerpo triángulo invertido: este tipo de cuerpo se caracteriza por hombros y espalda ancha, al igual que el torso. Busto grande y llamativo. Cintura que puede ser pronunciada pero generalmente no. Caderas estrechas, nada prominentes. Piernas generalmente delgadas.

Para equilibrar este tipo de cuerpo debemos enfocar la atención en la parte inferior y destacarla para dar un efecto de caderas más anchas y así equilibrar la figura.

Qué usar si se tiene este tipo de cuerpo:

1. Hombros: tenemos que intentar reducirlos al máximo, suavizar la línea ancha de los hombros con telas suaves. Usar en lo posible colores oscuros en la parte superior y blusas que hagan énfasis

en la cintura. Hay que elegir prendas limpias, lisas, sin mucho adorno o estampa. Blusas, tops y camisetas con escotes en V (adelante y atrás) y los escotes que son cruzados.

2. Caderas: tenemos que crear curvas en las caderas y glúteos. Usar colores claros, brillantes y con estampa en la parte inferior, así como elegir pantalones, polleras o *short* que tengan bolsillos grandes y pinzas, y evitar usar pantalones muy ajustados ayudan a crear esta imagen. Debemos elegir unos pantalones más holgados y amplios, faldas corte A, usar líneas y rayas horizontales en pantalones y polleras; pantalones de tipo bombacha o *baggi pants*, anchos en las piernas y con puño de tipo *slouchy jeans. Jeans* capri, *cigarette*, tiro alto para crear cintura, *oxford* o *semioxford*. Pantalones de vestir o *jeans* rectos con bolsillos en la cola y pinzas. Falda recta, no sirena o lápiz muy ajustada a las caderas. Faldas con mucho volumen y detalles, volados, ballon o globo, cortas, plato, largos midi o faldas de tul amplias. *Shorts* cortos, con pinzas y de corte A, al igual que las bermudas. Prendas que tengan volado péplum que ensanchen las caderas.

Qué evitar con este tipo de cuerpo:

1. Las prendas llamativas en la parte superior, con mucho estampado.
2. Las rayas horizontales en remeras, camisas o chaquetas.
3. Las remeras o camisas con hombreras o volados.
4. Los escotes anchos que ensanchan los hombros.
5. Las bufandas y pañuelos.
6. Los collares grandes.

Cuerpo rectangular: se caracteriza por tener las mismas medidas de busto, cintura y cadera. La falta de curvas hace que el cuerpo parezca un rectángulo. Por lo general tienden a ser mujeres altas y delgadas. La cintura no está bien definida. Las caderas y los glúteos son rectos, tienen poco volumen. Las ganancias de peso generalmente se distribuyen uniformemente por todo el cuerpo.

El objetivo primordial es dar volumen a la cintura para crear el cuerpo reloj de arena. A la hora de realzar la cintura, tienes dos opciones: si eres muy esbelta y quieres crear más curvas, puedes aumentar proporcionalmente el volumen de la parte superior e inferior del cuerpo y dejar la cintura como está. Alternativamente, puedes resaltar tu cintura, pero dejando la parte superior e inferior del cuerpo como están.

Qué usar si tienes este tipo de cuerpo:

1. Invierte en un buen sujetador *push up* para levantar el pecho.
2. Juega con diferentes cortes y formas para crear curvas.
3. Usa estampados, texturas y detalles estratégicamente (parte superior e inferior).
4. Usa colores brillantes en la parte superior e inferior del cuerpo, pero no alrededor de la cintura.
5. Usa cinturones en la cintura para entallarla.
6. Emplea colores más oscuros alrededor del área de tu cintura, como un cinturón oscuro.

Qué evitar si se tiene este tipo de cuerpo:

1. Prendas sin forma y demasiado grandes.
2. Prendas de corte recto.
3. Los total *look* monocolor, porque tenderán a aplanar mucho tu silueta rectangular.

Cuerpo oval: es un cuerpo que se caracteriza por una cintura no marcada, volumen en pecho y abdomen, silueta redonda, caderas estrechas. Los aumentos de peso son primero visibles en el área central del torso/barriga.

En este caso hay que lograr estilizar la figura alargando la silueta. La meta es resaltar tus mejores partes, generalmente el busto y las piernas, para desviar la atención de la sección del medio.

Qué usar si se tiene este tipo de cuerpo:

1. Prendas de línea recta o ligeramente entallada.
2. Prendas de tela suave para evitar un volumen innecesario alrededor del busto, la cintura y la barriga.
3. Las prendas superiores lisas con colores apagados y oscuros.
4. Los pantalones y faldas entallados, ya que resaltan las piernas delgadas.
5. Pantalones, *shorts* y polleras de cintura alta, porque estiran visualmente la parte de arriba del cuerpo.
6. Escote en forma de V y tipo barco, pues ayudan a resaltar con estilo los hombros y el busto.
7. Los pantalones y las faldas con colores y estampados llamativos, así como brillantes desvían el foco de atención hacia la parte inferior del cuerpo.
8. Mantén tu cintura libre de detalles que se ensanchan y resaltan, como colores claros y detalles horizontales.

Qué evitar si se tiene este tipo de cuerpo:

1. Las prendas superiores y vestidos ajustados, ya que resaltan la barriga.
2. Los cortes muy amplios en general hacen que la parte superior del cuerpo se vea más voluminosa.
3. Las blusas, chaquetas o americanas demasiado cortas, crean un efecto de volumen.
4. Los accesorios llamativos y brillantes a la altura de la cintura.

Finalmente, me complazco en ayudarte a descubrir con más detalle qué tipo de cuerpo tienes. Este conocimiento te ayudará a mejorar tu imagen personal.

No le creas a la sociedad que nos mete en la cabeza que debemos ser iguales y que debemos estar a la moda, que nos tenemos que vestir de igual manera. Parte del trabajo interior que debemos hacer es liberarnos de todos estos malsanos prejuicios y estereotipos que nos asfixian y confunden, que nos restan autenticidad. Una vez te conozcas bien, acéptate, es el camino correcto para llegar a proyectarte con seguridad frente a un mundo hostil y muchas veces despiadado, sobre todo con las mujeres.

Te voy a contar un secreto: la más radiante belleza está en la seguridad que proyectemos. Es ahí que radica el verdadero truco. Sé tú, a nadie tienes que impresionar más que a ti misma.

Yo creo que si te mimas, te cuidas y te arreglas como más te guste, por ti y únicamente por ti, libre del qué dirán y de las presiones sociales, conforme a tu estilo de vida y a tu tipo de cuerpo y rostro, redescubrirás tu esencia femenina y te sentirás mucho mejor. Y cuando expreso que te arregles como más te guste, me refiero a que sigas tu estilo y tus propios gustos, yo por ejemplo amo el maquillaje y quizás para mí maquillarme tenga diez pasos, pero si tu estilo es más natural seguramente maquillarte consiste en ponerte un rímel y un labial.

Créeme, el resultado es sorprendente. Hazlo y después me dirás. No te canses de ser tú, no te canses de cuidarte y de proyectar esa inmensidad que te adorna. Aun cuando te sientas desanimada, encuentra ánimo, tú podrás hacerlo. Ponte bella y disfruta al máximo de tu belleza única y particularmente divina.

Finalmente, deseo compartir contigo como dato curioso algo más. Así como hay diferentes tipos de cuerpos, también hay seis distintos tipos de rostros. En el ámbito de la asesoría de imagen esto se llama visagismo. Pues bien, dependiendo del tipo de rostro que tengas hay determinados cortes de cabello, accesorios y tipo de maquillaje que te favorecen, así como otros que deberías evitar usar.

Lo mismo ocurre con los colores, el análisis de color determina qué colores te favorecen y resaltan tu belleza natural de acuerdo con el color de tu cabello, piel y ojos.

No voy a entrar en detalle sobre las demás herramientas de asesoría de imagen, porque simplemente quería darte una guía útil para que puedas empezar a potenciar tu imagen personal. Si te interesa aprender a profundidad, tengo disponible un curso, como también asesoría de imagen personalizada. Puedes contactarme en mis redes sociales @yani_coach para más información o ingresando en el link linktr.ee/yanina_coach

Gracias por permitirme enseñarte estos trucos que de no saberlos nos harían falta y que, al conocerlos, nos empoderan, nos hacen más fuertes y exitosas en el camino de nuestro bienestar integral.

VI
MIS SECRETOS PARA CAMBIAR POSITIVAMENTE

Apunta a la luna. Si fallas,
podrías dar a una estrella.

William Clement Stone

Sin acción no hay cambio

Quiero cerrar este libro con acción, con pasos claros que puedes empezar a aplicar ya mismo para cambiar tu realidad. Quiero que tengas claro que no los puedes realizar solo una vez y listo, ¡tu realidad cambia! No. Hacerlo solo una vez no sirve de nada, tienes que convertirlos en hábitos, en rituales, en cosas que vas a hacer todos los días.

¿Te acuerdas de que en capítulos anteriores ya habíamos hablado de hábitos? En este capítulo te voy a contar acerca de esos que implementé yo y que me ayudaron a cambiar mi realidad, tener fuerzas para emprender, tener autoestima y seguridad en mí, y convertirme en una mujer empoderada, con fe y que siempre gana.

Lo dije y lo repito, tomar acción es importante, pero lo que es aún más importante es convertir esas acciones en hábitos, porque somos lo que hacemos; lo que haces en un día importa mucho ya que de esa manera irás creando tu realidad, tu presente y tu futuro; entonces, debes tener muchísimo cuidado con lo que decidas hacer.

Si hoy no estás donde quieres estar es por las acciones que has tomado hasta ahora, por los rituales que vienes implementando a diario, de modo que tendrás que hacer un *reset* de todos ellos y transformarlos en hábitos que sí te van a llevar a donde quieres ir.

A estas alturas ya deberías tener tus metas y tu plan de acción bien definidos (lo vimos en el capítulo III). Esto es fundamental, a partir de tus metas y de tu plan de acción es que van a nacer tus hábitos. Hasta ahora tenías sueños (que, como ya vimos, si no los conviertes en metas dependerán de la suerte y no es lo que queremos) y hábitos desempoderadores... ¡Todo eso tiene que cambiar!

Claramente generarás hábitos específicos para lograr tus metas, pero me gustaría compartir contigo algunas de las herramientas que más me ayudaron como complemento para lograr todo lo que me propongo.

«Si no estás hoy donde quieres estar, es por las acciones que has tomado hasta ahora».

Prepárate para ganar

Al empezar el día me preparo para ganar, independientemente de cómo dormí, de lo que soñé (a veces los sueños pueden ser tan profundos y reales que afectan nuestro estado de ánimo), del clima (ya sea que hay mucho frío o mucho calor, si es un día de lluvia) o de que quizás haya tenido una discusión con alguien. No permito que nada ni nadie condicione mi día.

Antes yo dejaba que todo esto me afectara y, obviamente, vivía condicionada por todo y por todos los que estaban a mi alrededor, así que decidí aprender a condicionarme a mí misma para ganar, para estar en el estado de ánimo que yo elijo. Entonces, lo primero que hago apenas me levanto es tomar veinte o treinta minutos para meditar, para hacer mis «elongaciones», mis afirmaciones, practico la gratitud y, por último, pongo una música que me anima y bailo. Hago esto todas las mañanas en vista de que me ayuda muchísimo a estar de buen humor, a tener energía y ganas de empezar el día.

Yo sé que tal vez te sucede que, al despertar, suena la alarma y lo único que quieres es programar diez minutos más (los cuales terminan siendo treinta o una hora). Alguna vez yo lo viví, hasta que decidí que iba a empezar a hacer lo que decía que iba a hacer y dejar de fallarme. Cosas chiquitas, como despertarte a la hora que dijiste que te ibas a despertar, cuentan (¡y mucho!).

Revisa en tu interior qué es lo que te activa. Puedes probar con los ejemplos que te mencioné o explorar otros, lo importante es que cada mañana al levantarte hagas más y más de lo que te hace sentir bien, y que seas constante.

Si eres de las personas que se levantan solamente quince minutos antes de ir a trabajar, que apenas desayunan, que salen corriendo de su casa y se ponen lo primero que consiguen, ¡esto tiene que cambiar ya mismo! Primero, tienes una gestión pésima de tu tiempo, aparte de mala organización y, además, claramente estás condicionando tu día para el caos.

Este era uno de los hábitos más desempoderadores que tenía: sonaba mi alarma y siempre ponía diez minutos más, y diez minutos más terminaban siendo una hora más. De esta forma me despertaba ya frustrada y decepcionada conmigo misma por haberme fallado, luego salía corriendo al ver que «no tenía tiempo», no me presentaba al mundo en mi mejor versión y pasaba por la panadería para comprarme un desayuno rápido. ¡*Wow*!, ¡qué manera de empezar el día!, ¿no?

Lo increíble es que tantas mujeres empiezan su día así y yo antes era una de ellas, por eso sé lo que se siente cambiar esos hábitos desempoderadores por unos empoderadores. Ahora me despierto con anticipación, dedico treinta minutos para mí, con calma me preparo mi jugo con limón y luego un jugo de apio (entreno por las mañanas y me gusta ir al gimnasio en ayunas, así que no desayuno hasta después de volver); no reviso correos ni mensajes de texto hasta que me siento en mi escritorio y empiezo a trabajar, dedico tiempo para arreglarme, manejo con tranquilidad y calma, y voy escuchando un curso o un *podcast*.

Esto lo hago todas las mañanas de lunes a viernes, los sábados y los domingos, como no trabajo, duermo hasta un poquito más tarde, pero de todas formas sigo con mi rutina positiva.

Imagina cómo sería tu vida si tan solo te levantaras un poco antes para dedicar este tiempo para ti. Sobre todo, si tienes hijos, necesitas levantarte mucho antes que ellos para poder tener el necesario tiempo contigo misma. No quiero que te repitas más excusas: «no tengo tiempo», «estoy muy cansada», «tengo hijos», «no dormí bien», etc. ¡Es hora de apagar las excusas y de empezar a cambiar esos hábitos desempoderadores!

El arte de planificar

Vamos ahora al segundo hábito que cambió mi vida por completo. Este hábito me ayudó muchísimo con la productividad. Gracias a él pasé de ser de las que no terminan nada de lo que empiezan, de tener desorganización y poca motivación a culminar todas mis actividades diarias, ser más disciplinada, organizada, motivada y también una mujer altamente productiva.

Parece increíble que todo esto lo haya logrado simplemente un hábito y este hábito es usar un planificador diario. No me siento en mi oficina si no tengo mi organizador diario abierto con todas las actividades y reuniones que tengo en ese día. No me permito empezar el día sin él, y te voy a contar por qué.

Puede parecer algo pequeño, pero tener de manera escrita y organizada (de más importantes a menos importantes) las actividades que tengo que hacer, me ayuda a no tener un caos mental. Con este hábito pasé de tener mil cosas para hacer (y no terminar ninguna de ellas) a tener diez cosas para hacer y terminar todas en un día. Gracias a esto mi productividad aumentó en un 100 %, me ayudó a avanzar hacia la dirección que yo quiero y a no permitir que mi vida fluyera sin rumbo.

Y deseo sinceramente aclararte algo: no necesitas ser emprendedora o trabajar para alguien para tener tu organizador diario. Si eres mamá o ama de casa también lo necesitas. Cualquier mujer que quiera ser productiva tiene que usarlo sí o sí. Sin el planificador estarás siempre ocupada, solo que estar ocupada no sirve de nada, ya que una persona puede estar todo el día extremadamente ocupada y no moverse en la dirección correcta; el secreto está en ser productiva: hacer en un día lo que te propones, lograr tus objetivos diarios y así cada día que pasa estar más cerca de tus metas y de tu propósito. Yo no puedo vivir sin mi planificador, este simple hábito sin dudas tiene un gran efecto en la empresa que creé y en quien me convertí.

No tienes que inventar la pólvora

Te puedo asegurar que sea lo que sea que quieras lograr para ti, alguien más ya lo logró para sí mismo. Quizás esa persona pasó por muchos desafíos y requirió de mucho tiempo para lograrlo, pero ¡lo hizo!, y esto significa que esa persona tiene la receta de cómo hacerlo y no solo tiene la receta, sino que sabe cómo evitar errores, cómo ahorrar tiempo, qué hacer y qué no hacer.

Entender esto cambió mi vida por completo, antes yo siempre era la de hacerlo todo sola, casi siempre para ahorrarme unos pesitos, pero no me daba cuenta de que estaba perdiendo mi recurso más importante: el tiempo. Cuando entendí el error tan grande que estaba cometiendo dejé de intentar aprender cosas por mí sola «ahorrándome» un dinero y empecé a enfocarme en ahorrar tiempo, así que comencé a invertir en mentores.

En vez de tratar de descifrarlo todo sola, entendí que lo mejor es tener a alguien que ya logró lo que yo quiero, que ya está donde quiero estar y que me puede enseñar a llegar ahí más rápido sin cometer tantos errores. Me costaba mucho invertir en mí misma —obviamente el conocimiento no es algo tangible. No solo eso, cuando invertimos en mentores o en *coach* ellos nos dan las herramientas, pero el éxito o el fracaso depende 100 % de nosotros, entonces, es fácil tener miedos y dudas.

Pero una vez que dejé de poner excusas y de escuchar a mis miedos, y empecé a invertir en mí, el cambio fue increíble, no solo en lo económico, sino en todas las áreas de mi vida. Únicamente en el 2022 invertí más de treinta y cinco mil dólares en mi conocimiento y crecimiento. Se volvió una buena «adición», lo hago todo el tiempo, ya que es la mejor resolución a cualquier problema que tenga. Si necesito aprender algo, una nueva herramienta, una nueva habilidad, busco al mejor *coach* o mentor que exista en esa área.

Invertir en ti misma es la mejor inversión, paga los mejores intereses. No seas barata contigo misma, te lo digo de corazón. Yo era muy barata conmigo, no invertía absolutamente nada, y así eran mis resultados: nefastos. Hoy por hoy invierto en mi conocimiento, esto no solo porque soy *coach*, sino porque me ayuda a pasar de nivel en todos los sentidos: en lo personal, lo laboral, lo espiritual, lo económico. Si quiero progresar y estar a un nivel más alto, tengo que capacitarme, tengo que invertir.

Lee con atención: el único obstáculo que tienes entre el sitio en el que estás hoy y en el que te gustaría estar, es lo que sabes. No vas a poder pasar a un nivel más ni elevarte si te quedas con lo que sabes hasta ahora, necesitas aprender más, más conocimiento, leer más libros, hacer más cursos, tener más mentores, escuchar más videos educativos. El conocimiento no ocupa lugar ni duele. Al contrario, favorece demasiado.

Así que te invito a crear el hábito de aprender algo nuevo todos los días, a mí este hábito me cambió la vida. Lo que antes quizás me llevaba dos años hoy me lleva dos meses, y yo sé que mi futuro va a ser cada vez mejor, puesto que estoy invirtiendo en algo que nadie jamás me va a poder sacar y es el conocimiento.

«Invertir en ti misma es la mejor inversión que puedes hacer, paga los mejores intereses».

Uno de mis *coaches* preferidos, Rob Dial, dijo una vez: «Si yo me quedara hoy mismo en la calle, sin casa, sin auto, sin trabajo y sin dinero, estaría completamente tranquilo porque tendría conmigo todo lo que necesito, y es la sabiduría, el conocimiento, que me van a ayudar a volver a tener todo lo material de nuevo». Y es verdad, hasta la libertad te pueden sacar, pero tu conocimiento jamás, nadie te lo va a poder quitar.

Así que mi gran consejo es que nunca dejes de invertir en ti misma. No hay límites para lo que te puedes convertir y ser, no hay nada que no puedas aprender. Entendiendo esto te conviertes en una mujer empoderada y lo mejor de todo, sin límites.

Si pudiera darte solo un consejo sería este...

¡Háblate bonito y punto! No digas, no pienses, no imagines, no sientas nada de ti que no quieras que se haga realidad. No existe hábito más desempoderador que decirte cosas feas y lo peor de todo es que el 90 % del tiempo lo haces de manera inconsciente. Sé que profundizamos este tema en el capítulo IV, pero creo que es importante repetir esta verdad.

Antes yo no me daba cuenta de lo mal que me hablaba, entonces, un día empecé haciendo un ejercicio, me puse una gomita elástica en el puño y me daba un pequeño golpecito cada vez que me decía algo negativo de mí misma. Este primer paso me ayudó a tomar consciencia de esto. Al terminar ese día, la verdad, me dieron ganas de llorar, me sentí muy mal conmigo misma, fue increíble la cantidad de veces que me hablé mal en ese día y lo peor de todo era que por años y años lo venía haciendo sin darme cuenta.

En ese momento fue que decidí cambiar. Es un trabajo diario que tenemos que hacer, porque estamos programadas para desalentarnos, tirarnos para abajo y hablarnos mal; sin embargo, tenemos que romper con ese patrón y cambiarlo. Yo no pude eliminar esas cosas feas que me digo, me persiguen hoy en día, pero lo que sí puedo hacer es contestarme (¿te acuerdas del ejercicio de despersonalizar a esa vocecita que te dice cosas feas?) y cambiar esas palabras hirientes por palabras empoderadoras, por cosas lindas.

Poco a poquito, practicando este ejercicio a diario logré ser mi propia *coach*. Cada vez que algo no me sale bien me aliento en vez de tirarme para abajo, cada vez que no logro lo que quiero busco soluciones en vez de quedarme estancada, cada vez que tengo miedo me doy fuerzas y seguridad, cada vez que no me siento bien conmigo misma recuerdo que Dios me hizo a la perfección, cada vez que estoy desanimada me conecto con mis objetivos y con todo lo que he logrado hasta el momento. Así hago con cada uno de los pensamientos o palabras negativas que vienen a mi mente.

Esto me ayuda muchísimo a lograr lo que me propongo, a no perder las esperanzas, a sacar lo bueno hasta de una situación mala, a ser positiva, a tener fe, a nunca rendirme. Quiero todo eso para ti también y todo parte de las cosas que te dices. Todos los días, cada momento del día cuida tus palabras, cuida la forma como te hablas... Este es mi consejo de oro.

Días grises... ¿o días sin motivación?

Días grises tenemos todos. Son esos días en los cuales no nos sentimos al 100 % independientemente de cuánto lo intentemos, de cuánto nos condicionemos para estar bien; estamos completamente apagadas.

A todos nos pasa y es muy importante aprender a escucharnos, es crucial que no nos presionemos, porque en esos días necesitamos tratarnos con extra amor y mayor cuidado; son esos días en que no tenemos ni un poquito de amor activado hacia nosotras ni nada de seguridad y vemos el agua a la mitad del vaso.

Generalmente mis días grises han coincidido con aquellos en que no estoy muy bien de salud, quizás estoy por resfriarme o extremadamente sensible como consecuencia del regalo que recibimos las mujeres todos los meses.

Lo cierto es que siempre pongo mi mejor esfuerzo por salir de ahí, empezando mi día condicionándome para ganar, aunque es verdad que existe un pequeño porcentaje de días en que no importa cuánto lo intente, cuánta disciplina y motivación ponga, no hay manera de pasar ese día gris a un día con arcoíris. Y cuando lo he intentado todo, no me queda más que soltar y rendirme.

Generalmente me tomo el día libre si puedo o cancelo todas mis actividades. Sobre todo, por mi trabajo no puedo estar grabando o teniendo una sesión de *coaching* con alguien cuando mi energía está completamente en *off*, ya que eso se siente, se transmite y claro que yo siempre quiero transmitir lo mejor de mí.

Quizás tú estés pensando que no puedes tomarte el día libre cuando tienes un día gris, pues eres madre o trabajas en relación de dependencia, y entiendo que tal vez tu libertad es mucho más reducida, pero al menos trátate con mucho amor ese día, date un mimo extra, haz algo que te haga sentir mejor, puede ser algo simple como tomar un baño de agua caliente. ¡Te lo mereces!

Ahora bien, hablando de días grises es importante que identifiques las diferencias entre esos días en los que quizás estás un poquito perezosa, sin ganas de hacer nada, procrastinando o postergando asuntos. Esto NO es un día gris, esto es un día en el que estás escuchando tus miedos, tus inseguridades y la pereza se está dejando asomar.

Ese NO es un día en el que tienes que tomarte un descanso, ese es un día en que necesitas empujarte más, ponerle más fuerzas, más ganas. Por mucho tiempo mi mente me había engañado, me hacía creer que mis días sin motivación eran mis días grises y si no aprendía a identificarlos pronto y a diferenciarlos, mi éxito iba a sufrir las consecuencias.

No vas a estar motivada todos los días, es imposible, la motivación va y viene, mientras que la disciplina es algo que puedes crear en tu vida todos los días, es lo que necesitas para triunfar. ¿Qué es la disciplina? Es tener constancia, es hacer lo que dices que vas a hacer, pero no cuando tienes ganas, sino cuando NO tienes ganas. Eso te hace una campeona, eso te diferencia del montón, eso te hará elevarte y pasar al siguiente nivel.

La manera en la que te vas a sentir en los días grises, como en los días sin motivación, pueden ser similares, pero en los primeros realmente necesitas un cambio, descansar, darte un mimito, y en los segundos quizás los miedos te están autosaboteando, frenando y haciéndote procrastinar para que no hagas lo difícil, para que no salgas de tu zona de confort, y es ahí cuando tienes que ponerle doble ganas y doble energías. Otra diferencia es que los días grises no pasan con frecuencia, sin embargo, los días sin motivación pueden aparecer hasta varias veces en una semana.

Es fácil, por ejemplo, decir: «Hoy no me siento al cien, estoy muy cansada, así que no voy a ir al gimnasio» o «voy a dormir una hora más», pero esto es solo una excusa. En esos días es que tu mente te va a dar más de un pretexto para que no tomes acción y lo peor de todo es que te va a dar excusas muy buenas que vas a creer que son válidas y verdaderas, por eso la batalla es grande, así que son los días en los que tienes que esforzarte aún más.

Hay algo muy importante que tienes que saber: algo mágico puede pasar en esos días en que no tienes motivación. Esos días son los que hacen la diferencia, en esos días es que realmente vas a ganar, es cuando tu confianza y autoestima aumentarán.

Imagina que al final de ese día hiciste todo lo que te propusiste, inclusive con cero motivación y ganas, eso es lo que te diferencia del resto, eso te diferencia de la gente sin éxito y eso, mi bella, es lo que te va a llevar a empoderarte. Empieza a mirar esos días como una oportunidad para aumentar tu autoestima y seguridad en ti misma.

¿Te ha pasado esto alguna vez? Que has hecho algo sin tener ganas, como, por ejemplo, ir al gimnasio. Recuerdo que un lunes por la mañana tenía clases de *spinning*, me desperté y estaba lloviendo torrencialmente en pleno invierno en New York, hacía un frío que congelaba a cualquiera solo de pensarlo. Realmente tenía cero ganas de ir al gimnasio, mi mente empezó a darme mil excusas para que yo no fuera: «puedes hacer la clase mañana por la mañana, hace mucho frío, hoy es lunes y necesitas estar descansada para toda la semana, con la lluvia torrencial puedes tener un accidente» y muchas otras excusas más, pero de todas maneras fui. Llegué a la clase y no había nadie, era la única alumna (no exagero cuando digo que llovía torrencialmente), la profesora empezó diciéndome: «*Wow*, te felicito por haber venido». Eso ya me hizo sentir orgullosa de mi disposición, terminé haciendo una clase personalizada que me encantó, me activó y me ayudó a sentirme tan bien conmigo misma, pero sobre todo orgullosa de no haberme fallado.

¡Qué lindo se siente cuando terminamos exitosamente algo que no teníamos nada de ganas de hacer!

Yo me he dado cuenta, por experiencia propia, que para tener menos días grises hay algo que es importantísimo: dedicar tiempo para descansar. Tomarte al menos los fines de semana para desconectar, para hacer algo que te gusta, algo que te hace feliz, algo que te inspira es IMPORTANTE y te ayuda a llenar tu vaso, esto forma parte de tu cuidado personal.

Tu cuerpo, tu mente y tu alma lo necesitan. Hace un tiempo durante un fin de semana tuve un seminario de viernes a domingo doce horas por día, sí, doce HORAS, de 10:00 a. m. a 10:00 p. m. Claramente no pude descansar y el lunes seguí con mi agenda normal, arranca mi día con la agenda completa: reuniones, conferencias, vivos, sesiones de *coaching*, grabaciones, y a la tardecita, luego de mi última sesión de *coaching*, tuve un ataque de llanto, sentí que iba a explotar, estaba completamente cansada y estresada.

No somos de madera, somos seres humanos y necesitamos tener un balance para no explotar en llanto como me acaba de pasar.

Yo trabajo desde el teléfono y la verdad es que lo hago todos los días; antes tenía mucha dificultad para desconectar, pero durante el finde me esfuerzo y me obligo a no trabajar. No sé a qué te dedicas, pero sea lo que sea, inclusive, si tienes el trabajo más difícil que existe, que es ser mamá, trata de desconectarte al menos el fin de semana, que tu marido te ayude extra en estos días, o si trabajas en relación de dependencia, no respondas mensajes o llamadas que tengan que ver con tu trabajo, no hables de trabajo, trata de desconectarte al máximo y dedicarte a ti. A mí me cuesta mucho hacerlo pues amo lo que hago y me llena de felicidad, pero todos necesitamos esa desconexión, para recargar pilas y volver con más ganas, más fuerzas, energía, creatividad e ideas. Desconectar para volver a conectar y así reducir esos días grises. No esperes a que tu cuerpo grite por ayuda, como me acaba de pasar. ¡Cuídate!

«Desconectar para volver a conectar».

Hace casi diez años escuché una frase que realmente me marcó: «Si no tienes al menos dos o tres horas a la semana para dedicarte a ti misma, hay algo que estás haciendo mal, hay algo que tienes que cambiar».

Conéctate más con el proceso, no con el resultado

Uno de los errores que comenten la mayoría de las personas es condicionarse, encerrarse en un solo resultado: yo quiero un ascenso, yo quiero pesar cincuenta kilos, yo quiero casarme, etc. Y claro que tener metas claras es importante, puesto que nos dan dirección hacia dónde queremos llegar, pero muchas veces ese no es nuestro destino. Muchas veces Dios tiene un plan mucho mejor, mucho más grande para nosotros, y si nos encerramos en el hecho de que tenemos que tener algo sí o sí para estar bien, para sentirnos felices, estamos eliminando gran cantidad de posibilidades de lograr cosas incluso mejores.

Por eso hoy quiero que empieces a conectarte con el proceso, que puede ser la parte difícil, la parte dolorosa, la parte que a nadie le gusta. Todos quieren resultados sin tener que pasar por el proceso, pero yo creo que el proceso es lo más hermoso, es donde está la transformación, es la parte en la que pasas de ser un bulbo a ser un tulipán, aquí creces, aprendes y te superas. Y si bien eso duele, una vez que atravesaste el proceso nadie te puede quitar lo que lograste.

Los resultados te pueden cambiar: puedes tener un ascenso y al año te pueden despedir, puedes bajar tu peso a cincuenta kilos y luego de unos meses aumentas a ochenta kilos, puedes casarte y a los años divorciarte. Todo eso puede pasar y si te aferras al resultado, tu vida va a quedar destrozada si algo pasa y tu realidad cambia. En cambio, si te conectas con el proceso, ahí es cuando encuentras la magia: ¿qué tuviste que estudiar para tener un ascenso?, ¿qué desafíos tuviste que superar para que te den un puesto más alto?, ¿quizás tuviste que aprender un idioma nuevo?, ¿una habilidad nueva?, ¿quizás tuviste que mejorar tu oratoria, tu imagen personal?, ¿aprender a ser más productiva?

En la búsqueda de pesar cincuenta kilos, ¿cuánto aprendiste sobre alimentación? Ahora sabes leer las etiquetas de los alimentos, ahora sabes cómo trabajar cada músculo de tu cuerpo, ahora entiendes qué cosas estabas haciendo mal antes que te hacían aumentar de peso, ahora conoces más tu cuerpo. En tu matrimonio, aprendiste a tener paciencia, a compartir, a escuchar, a perdonar, a conocer tus límites.

Todo esto forma parte del proceso, esto nadie te lo puede sacar, independientemente de que hayas llegado al resultado que esperabas o no, o lo hayas perdido luego de un tiempo; estás listas, estás preparada, nadie va a venir a robarte la persona en la que te convertiste en ese proceso y si sumas tiempo, paciencia y fe, créeme que tus resultados serán extraordinarios, mejores de lo que querías.

Sin conocerte te puedo asegurar que quieres muy poquito para ti, este sistema nos programó para conformarnos, para soñar chiquito. Uno de los seminarios que he hecho con Grant Cardone se llama 10X y, a grandes rasgos, el mensaje es que todo lo que queremos para nuestra vida debemos multiplicarlo por diez. ¿Quieres ganar mil dólares más por mes? Ve por cien mil dólares más. ¿Quieres tener diez mil seguidores en las redes sociales? Ve por cien mil. Apunta a la luna, si fallas le darás a una estrella.

Esta regla te ayudará a querer más y realmente es desafiante, porque te va a incomodar a tal punto que empezarás a decir: «¿Cómo yo puedo permitirme querer tanto?» Sí, puedes y te lo mereces, permítete recibirlo.

CAPÍTULO VI MIS SECRETOS PARA CAMBIAR POSITIVAMENTE

«Apunta a la luna si fallas le darás a una estrella».

HERRAMIENTAS PODEROSAS PARA ACELERAR TU PROCESO EN EL LOGRO DE TODO LO QUE TE PROPONES

Manifestación y visualización

Me gustaría compartir contigo algunas herramientas que uso y que me ayudan a potenciar mis capacidades y a lograr más rápido lo que quiero. Escucha bien lo que digo: ¡potenciar y lograr más rápido! Esto significa que son un soporte, un extra, un complemento, pero no lo único que tienes que hacer.

¿A qué me refiero con esto? Empecemos por la manifestación. Yo soy fan de la manifestación y sé que funciona, porque a lo largo de mi vida he manifestado muchísimas cosas, pero tiene que estar acompañada de la acción. Por ejemplo, si quisiera emprender, pero me siento en el sofá imaginándome a mí misma emprendiendo una y otra vez en mi mente, y esto es todo lo que hago, difícilmente lo voy a lograr. Muchas personas creen que manifestar, visualizar o decir afirmaciones es eso, simplemente eso, y esperan a que caigan del cielo sus pedidos. Por eso muchos no creen en estas herramientas, pues no las saben usar.

Muy distinto será tu caso si aplicas cada herramienta que te voy a enseñar ahora (pasar tus sueños a metas, cambiar hábitos desempoderadores por hábitos empoderadores, hacerte las preguntas correctas, tener un enfoque positivo, hablarte bonito, tener disciplina y organización, etc.) y sumarlas porque son herramientas poderosas. *¡Wow!*, ahora sí estamos hablando de potenciar esos resultados, de acelerarlos.

Ahora, ¿qué significa manifestar? Manifestar algo es hacerlo aparecer en tu realidad. Manifestar es traer al mundo físico algo del mundo de los sueños. ¿Es esto posible? Absolutamente posible. Manifestar es visualizar lo que quieres lograr o tener. Si lo puedes soñar, lo puedes crear, y si te pones a pensarlo, es tan real.

Todo en este mundo se creó primero con un pensamiento, con un deseo. Mira alrededor de ti: el sofá en el que estás sentada, el televisor, la silla, el escritorio, la decoración de tu cuarto, cada elemento fue creado primero en la mente de alguien antes de traerlo a la realidad. Manifestar es creer que eso que quieres es posible, que está pasando, lo tienes, es tuyo, creerlo de verdad, quererlo y no perderlo de vista, cueste lo que cueste.

Si estás interesada en la parte más espiritual de la manifestación puedes buscar en Internet, hay muchísimos. Hoy te voy a hablar de lo que hago yo, lo que a mí me funciona con todo.

Yo me considero una persona con grandes poderes de manifestación, todo lo que quiero se lo pido a Dios y tarde o temprano lo tengo, y si no me llega lo que pedí, me llega algo mucho mejor.

Y esto es muy importante tener en cuenta, vivimos en un mundo donde todo es rápido, donde todo está servido. En un solo clic podemos saber con exactitud qué pasó hace dos mil años o podemos tener cualquier cosa que se nos ocurra en la puerta de nuestra casa en unos minutos.

Con los avances y la tecnología los tiempos se reducen, así como las distancias. Podemos ver a una persona y hablar con ella, aunque esté del otro lado del mundo, en otra zona horaria, con tan solo marcar la tecla de videollamada. Todo esto es genial, aunque contribuye a que perdamos la paciencia. Dime si no te ha pasado que estás en el navegador de tu teléfono y quieres entrar a una página, si tarda más de cinco segundos en descargar, le das actualizar tres o cuatro veces puesto que se te hace una eternidad.

Cuando estás manifestando te tienes que olvidar de la impaciencia. No siempre es a tu tiempo que va a llegar a ti lo que deseas, todo ocurre al tiempo de Dios; muchas veces el tiempo de Él es más rápido que el tuyo, sin embargo, muchas otras es mucho más tardío. Es por eso que tienes que entender lo siguiente: el tiempo de Dios es perfecto. Y no es un cliché, es una verdad absoluta. Si a veces no se da lo que quieres de inmediato, no significa que la manifestación no está funcionando, significa que quizás no es tu tiempo de recibimiento o materialización.

Una de las cosas más grandes que he visualizado en mi vida fue haberme mudado a Europa, fue algo que siempre quise. Y me tocó esperar muchísimos años para que finalmente se diera. Con ejercicios de manifestación a diario por tres años consecutivos, logré hacerlo realidad.

Me gustaría contarte sobre eso. Mi sueño siempre fue irme a vivir al exterior, desde pequeña siempre me preguntaba cómo serían otros lugares, otras culturas. Así que siempre tuve mucha curiosidad por viajar, creo que en parte ese deseo fue heredado de mis ancestros que emigraron desde Ucrania y Rusia a Argentina durante la Segunda Guerra Mundial.

Tal vez por mis orígenes nunca me sentí 100 % oriunda de argentina. Si bien nací ahí, siempre tuve la sensación de que ese no era mi lugar; realmente no puedo explicar ese sentimiento, pero lo llevo conmigo desde pequeña. Siendo yo una adulta, mi madre me contó que cuando tenía cuatro años una noche mientras estábamos cenando le dije a mi hermana: «Un día yo voy a vivir bien lejos de acá, en otra parte del mundo. Si quieres, puedes venir conmigo».

Me enteré casi a los treinta años que cuando tenía cuatro ya tenía claro qué iba a ser de mi futuro. Pero bueno, mi realidad era muy distinta a la de mis sueños, fui criada por una madre soltera, no vengo de una familia adinerada, nací y crecí en un pueblito chiquitito al norte de Argentina (donde ni siquiera hay un aeropuerto), jamás nos podíamos permitir irnos de vacaciones o viajar ni siquiera cerca de donde vivíamos. Realmente no teníamos los medios, teníamos únicamente para sobrevivir.

¿Y cómo pasé de esa realidad a vivir en España, Italia, Alemania, Estados Unidos y a viajar a más de ochenta países? Te voy a contar. En mi casa estudiar siempre fue algo obligatorio. Mi madre, que es profesora, siempre fue muy exigente con nuestra educación. También le doy gracias a Dios, porque en gran parte esa disciplina me ayudó a cumplir mi sueño.

Teníamos que ser disciplinadas y aplicadas, no podíamos llevarnos materias del año anterior, además, veíamos clases particulares y apenas cumplimos los dieciocho años fue obligatorio para nosotras elegir sí o sí una carrera universitaria.

Yo, a esa edad, no tenía ningún tipo de dirección sobre qué quería hacer con mi vida, así que seguí mi pasión por el viaje y la única opción de estudio que tenía en ese momento cerca de mí era una licenciatura en turismo. Me puse a estudiar creyendo exactamente lo que todo el mundo piensa sobre las personas que trabajan en turismo: voy a viajar por todo el mundo. Nada más alejado de la realidad, trabajas cuando todo el mundo descansa, no tienes fin de semanas largos, ni feriados, ni horarios fijos.

En fin, me comprometí en terminar la carrera en el tiempo establecido por el pénsum, que en ese momento era un plan de carrera de cinco años. Gracias a la guía y disciplina de mi madre terminé la carrera con un promedio altísimo.

Seguramente, estarás pensando que eso no te serviría de nada a la hora de trabajar, que a muy pocas personas les importan tus calificaciones, que lo importante en general es tener el título. Déjame decirte que yo no entendí sino hasta unos años después cómo tener buenas calificaciones en la universidad iba a cambiar mi futuro por completo.

Al graduarme me mudé a una de las ciudades turísticas más importantes de la provincia donde vivía: Misiones. Seguramente has escuchado hablar de las Cataratas del Iguazú y si nunca has oído hablar de ellas, definitivamente *googealo* porque tiene que ser un sitio por conocer en tu lista de lugares por visitar. Es uno de los lugares turísticos naturales más increíbles que existen. Es la primera en la lista de entre las siete maravillas naturales del mundo, es un patrimonio de la humanidad, cuenta con doscientos setenta y cinco saltos distribuidos en cuatro kilómetros de longitud entre Brasil y Argentina. ¡Su belleza y poderío es impresionante!

Empecé a trabajar en el sector turístico desde el área de *marketing*, que fue en la que me especialicé. Trabajé para la concesionaria del Parque Nacional Cataratas del Iguazú, también laboré en una agencia de viajes y en un hotel cinco estrellas.

Aunque ya entendía que para viajar se necesitaba más que un título en turismo, mi sueño de irme a vivir al exterior no se desvaneció, estaba ahí, aunque realmente lo veía inalcanzable, hasta que un día llegó a mis oídos información sobre una fundación de España que otorgaba becas a estudiantes de toda Latinoamérica.

Por primera vez en mi vida tuve en frente una oportunidad enorme para poder cumplir finalmente mi sueño. Era una de las becas más completas que había en ese momento: cubría alojamiento, el costo del máster, el costo del viaje y, además, daban un salario mensual para los gastos en Europa. ¿Cómo? ¿Es eso real? Yo no lo podía creer, pero, así como la oportunidad era inmensa, las posibilidades de ganar eran reducidas, participaban miles y miles de estudiantes de toda Latinoamérica y los puestos otorgados obviamente eran pocos.

De todas formas, yo cumplía con los requisitos, así que con muchos miedos apliqué para la beca. El proceso de selección duró varios meses. Fue aquí cuando empecé a manifestar como nunca antes. Vivía imaginándome día y noche recibiendo el *email* en el que me confirmaban que había quedado seleccionada. Me veía empacando, me veía vendiendo mis cosas, me veía en el avión, me veía viajando por España y toda Europa.

Pasaron alrededor de cuatro meses hasta que una tarde me llegó un *email* de la fundación. Apenas lo vi empecé a temblar, mi corazón se aceleró, tenía muchísimo miedo de abrirlo, esta era mi única oportunidad. Temblando abrí el *email*. ¡Había quedado seleccionada para el segundo lugar! No entendía nada, ¿segundo lugar? ¿Viajo o no viajo? ¿Qué significa el segundo lugar? Sabía que la beca para este máster era solamente una y, aunque no entendí en ese momento qué estaba pasando, empecé a saltar de felicidad, no podía creer que sí había quedado seleccionada.

Luego me explicaron lo que significa estar seleccionada en segundo lugar. Si la persona en el primer puesto decía que no aceptaba la beca, entones el puesto era mío. Tenía un mes para presentar toda la documentación para empezar con el proceso de visado, así que tuve que esperar un par de semanas para saber si viajaba o no.

Realmente no sé cómo sobreviví a los nervios y a la ansiedad que viví minuto a minuto hasta que me llegó finalmente el *email*: NO IBA A IR A NINGÚN LADO. Obviamente, la persona seleccionada para el primer puesto aceptó la beca y yo me quedé por afuera. ¡Qué horrible sensación es creer que tienes en tus manos eso que tanto quieres y que con un simple *email* te lo arranquen en un segundo!

Eso era lo que pensaba a mis veinticuatro años, cuando no tenía ni idea de las herramientas que conozco hoy.

Así y todo, creo que me tomó una semana recuperarme del enojo que tenía, estaba tan frustrada. Me tomé aproximadamente una o dos semanas para ponerme en papel de víctima, llorar, tirarme para bajo, decirme lo incapaz que era, lo descalificada y torpe que era. Finalmente, no me quedó más opción que aterrizar en la realidad y seguir con mi vida alejada de mi sueño.

Luego de tres años de trabajar en relación de dependencia con mi mejor amiga y compañera de trabajo, una mujer llamada Sara (a la que admiro y quiero muchísimo), decidimos abrir nuestra propia consultora de *marketing* para empresas turísticas.

Pasó un año y la fundación volvió a abrir las puertas de inscripciones para la beca, apenas me enteré me postulé de nuevo. Tenía que ganar como fuera, ¡ese iba a ser mi año! No me iba a rendir, pasara lo que pasara esa beca iba a ser mía, en mi mente no había forma de no ganármela. ¿Y qué pasó esta vez? Ni siquiera quedé en el segundo lugar, directamente no califiqué, no quedé seleccionada.

¡Boom! De nuevo todas mis inseguridades empezaron a gritarme: «eres una tonta, ¿quién te crees tú para ganarte una beca así?, ¿sabes cuántas personas mejores que tú hay en Latinoamérica?, ¿más inteligentes? Tú

no eres nadie ni siquiera calificaste», y muchas otras cosas horribles más que me dije.

Creo que esta vez me tomó meses recuperarme. El rechazo realmente me dolió. Mi sueño cada vez estaba más lejos, la economía en ese momento en Argentina era extremadamente inestable (creo que eso nunca cambió), el dólar y el euro eran inalcanzables y ahora yo era emprendedora y en esas épocas para mí ser emprendedora significaba tener meses buenos y malos, lo que me impedía poder ahorrar o poner otro plan en marcha.

Yo siempre he sido muy insistente. Cuando quiero algo busco la manera hasta que encuentro la solución. No iba a renunciar a mis sueños, pero realmente no me quedó otra opción más que MANIFESTAR, así que me pasé todo ese año entero imaginándome en España, miraba fotos de distintos lugares, precios de pasajes, leía sobre la cultura, me imaginaba planificando mi viaje, planificando mi partida y conociendo gente nueva.

Nunca dejé de manifestar, pero lo más importante de todo es que nunca dejé de tener fe. Tener fe es saber que algo va a ocurrir, aunque no tengas evidencia de que así sea. Mi fe era tan grande que manifestar se volvió simple y algo de todos los días.

Llegó la fecha de la apertura de las inscripciones, esta vez no se reveló esa parte de mí que tenía un poquito de miedo o dudas, esta vez la beca era mía. En mi cuerpo, mente, sentimientos y pensamientos no había ni un 1 % de posibilidades de que esa beca no fuera mía.

Repetí el mismo proceso de los dos años anteriores, me inscribí y tuve que esperar la respuesta, pero esta vez yo empecé a despedirme, empecé a empacar, empecé a organizar mi trabajo y mi vida como si en un par de meses me iba a vivir al exterior. Llegó el *email*. Recuerdo que estaba en mi pequeño departamento cocinando cuando escuché el sonido de la notificación, agarré mi teléfono, me senté en la silla y lo abrí con tranquilidad. Luego de tres años finalmente ¡había ganado la beca!, finalmente quedé en el primer lugar.

Mirando hacia atrás puedo darme cuenta de que, si yo hubiera quedado en mi tiempo, cuando yo quería, en el primer año en el cual participé, no hubiera estado preparada para enfrentar todo lo que tuve que enfrentar, no era el momento justo, quizás no hubiera aguantado lo doloroso que es mudarse al exterior sola.

¡Quién sabe lo que hubiera pasado!, pero lo que sí sé es que antes no era el momento justo, Dios me dio lo que yo quería en el momento perfecto. La mayoría de las personas se frustra y renuncia a la primera que no reciben lo que quieren. ¿Qué hubiera pasado si en el primer año yo hubiera renunciado, si hubiera dejado de participar, si no hubiera confiado en mí, si hubiera dejado de manifestar? Jamás hubiera logrado lo que quería.

Todo en tu vida te está preparando para lo que quieres lograr y cuando estés lista Dios te lo va a dar. ¿Por qué me tocó sufrir durante toda mi infancia teniendo una madre exigente con las notas? Créeme, cuando era chica lo odiaba y hoy estoy tan agradecida, porque ser aplicada no solo me llevó a tener buenas calificaciones en la universidad, sino que años más tarde me hizo tener las cualidades necesarias para ganarme la beca de la que te hablé. Sin buenas calificaciones esta historia jamás hubiera existido.

Todo en nuestra vida pasa por una razón, hasta lo más insignificante ocurre por un propósito mayor, quizás hoy no lo entiendas, pero en algún momento de tu vida lo harás. A mí esto me ayudó a aprender a soltar, a ser paciente con el tiempo divino y a ser obediente del deseo de Dios.

Mi historia no terminó ahí, apenas terminé el máster en España, luego de haber estado viviendo un año en el exterior, tuve que volverme a Argentina, porque era una condición de la beca y obviamente así lo hice. Tuve que precisamente volver a Argentina al punto de partida: estar lejos de mi sueño de nuevo, en ese momento pensé que lo peor de todo era haber vivido mi sueño y luego tener que despertarme.

Volví a Argentina con un plan de regresar a Europa en tres años, la verdad es que me propuse tres años como una excusa para no hacerlo difícil, estaba postergando mis sueños por mis miedos, pero pude enfrentarlos y cambié ese plan de tres años por tres meses, y así fue.... En tres meses estaba en un vuelo a Barcelona con toda mi vida en dos maletas, sin un plan, sin trabajo, sin visa y con unos pocos euros en el bolsillo. Pero esa historia te la dejo para otro momento...

«Todo en nuestra vida pasa por una razón, hasta lo más insignificante ocurre por un propósito mayor, quizás hoy no lo entiendas, pero en algún momento de tu vida lo harás».

Mi gran consejo es que jamás abandones lo que quieres. Todos los días durante la jornada, desde que te levantas hasta que te acuestas a dormir, intenta crear en tu mente eso que quieres, vívelo ya como si es tuyo, imagina cómo te vas a sentir cuando lo tengas, qué vas a hacer cuando lo logres. No dejes ir ese sentimiento, porque si no lo dejas ir, tarde o temprano, yo te prometo que va a aparecer en tu realidad. Tarde o temprano lo vas a ver manifestado en tu vida.

Afirmaciones positivas

Afirmar es una herramienta muy simple y muy poderosa. Es otra de las que uso todos los días de mi vida al levantarme, al acostarme y durante mi día entero.

Las afirmaciones son un puente de conexión entre la mente consciente y la mente subconsciente. Es una herramienta para liberar conceptos y creencias negativas y transformarlas en positivas. Promueven no solo la concentración, sino la felicidad, la motivación y la inspiración. Son un complemento que nos ayuda a cambiar cualquier circunstancia o realidad de nuestra vida.

Si tienes una creencia negativa esto te va a llevar a actuar de manera negativa. De la misma manera, una creencia positiva te va a llevar a actuar de manera positiva. Ya vimos cómo los pensamientos tienen un gran poder y las afirmaciones son pensamientos puestos en palabras.

Un solo pensamiento puede no influenciar tu vida, pero si este pensamiento es constante, si es un pensamiento que se le presenta a tu mente una y otra vez, tarde o temprano influenciará en tu comportamiento. Es por eso que las afirmaciones positivas deben repetirse en forma constante, de nada sirve decir afirmaciones solo un día y listo. Es como ir al gimnasio, tiene que hacerse a diario como un hábito y formar parte de tu rutina.

Yo, por ejemplo, todas las mañanas cuando me despierto tengo un audio ya grabado con todas mis afirmaciones y las repito en voz alta, ya que esto me ayuda a tener mi enfoque y concentración al 100 % (además le agrego sentimiento). Antes de dormir reviso mi diario, el cual tengo en mi mesita de luz, en él escribo todas las noches mis afirmaciones, entre otras cosas. Aparte de esto, cada vez que voy al gimnasio también me repito mis afirmaciones, porque mi cuerpo está en movimiento y de él emana mucha energía, entonces la aprovecho también para afirmar.

Quiero que entiendas algo: repetir y repetir las afirmaciones no es suficiente. Hay que agregarle sentimiento, cada vez que las repitas siéntelas como verdad, como si ya son una realidad en tu vida. Acuérdate de que somos energía y tener la energía correcta lo es todo. Estas afirmaciones te ayudan a que te eleves a la energía correcta, por eso te pido que lo hagas concentrándote en las palabras y sintiendo cada una de ellas. Tienes que repetir las afirmaciones con emoción y creyéndotelas, inclusive, si al principio no te suenan a verdad o no lo crees, haz el esfuerzo, porque cuanto más lo repitas, más cómoda te vas a sentir con esas afirmaciones.

Si quieres aumentar tu amor propio con afirmaciones, cada vez que te mires al espejo di algo lindo y empoderador. Otro punto importante es que te apoderes de las afirmaciones y con esto me refiero a que, en vez de decir, por ejemplo: «yo tengo un lindo cuerpo», di: «yo soy atractiva». Otro ejemplo puede ser, que, en vez de decir: «yo gano un millón de dólares», digas: «yo soy millonaria».

Este es un cambio que hice en mi manera de hablarme desde hace un tiempo y realmente he visto la diferencia. No te enfoques tanto en lo que quieres tener o lograr, enfócate más en quién tienes que ser para lograrlo, de cuáles sentimientos necesitas apropiarte.

Una de las afirmaciones que me repito todos los días es: «Yo soy coraje, yo soy fe, yo soy fuerza». Además, tengo pequeñas notas con ellas en lugares donde las veo todos los días, como en el espejo, en mi escritorio, etcétera.

Diario de la gratitud

Un poco más arriba te comenté que en mi mesita de luz tengo mi diario, el cual es simplemente un cuaderno en el que escribo todos los días muchas cosas, como mis afirmaciones, la manera como me siento, algo importante que me haya pasado durante el día o me hago preguntas que necesitan respuesta y dejo que mi mente libremente las conteste.

Además de esto, también escribo a diario mis gratitudes. Yo creo en Dios firmemente, entonces, me dirijo a Él todos los días y le agradezco por distintas cosas. En esta parte de mi diario todo lo que escribo está siempre dirigido a Él. Esta es mi elección, tú puedes decidir la manera que más te guste, pero hablemos de la gratitud. ¿Por qué es fundamental ser agradecidos para vivir en abundancia?

La gratitud es una herramienta que nos ayuda a tomar consciencia de todas esas cosas buenas que normalmente damos por sentado. De esta manera logramos centrarnos en los aspectos positivos en vez de focalizarnos en lo que carecemos, en vez de quejarnos por nuestros problemas.

La gratitud es una de las energías más poderosas que existen y, por cierto, es una herramienta gratuita; sin embargo, muy pocos la usan. Pareciera que estamos programados para quejarnos, lamentarnos constantemente y ver siempre lo negativo en todo lo que ocurre.

¿Sabes qué pasa cada vez que nos lamentamos de algo que no tenemos? Estamos mandando al universo una señal de carencia, «yo no tengo esto», «a mí me falta aquello», «estoy enojada porque no tengo tal cosa»; es decir, cuando nos quejamos nuestro enfoque se concentra en las cosas que carecemos y, como ya sabes: en aquello en lo que nos enfocamos crecemos. No solo eso, atraemos eso mismo en lo que nos enfocamos.

Tu enfoque es la manifestación, está en tu mente y lo traes a tu realidad. Es lo mismo cuando sientes envidia, esta es una declaración de que alguien tiene o es algo que tú no eres ni tienes o no puedes ser, y esto es carencia. Dime una cosa, ¿estás afirmando con la envidia tus carencias?, si es así: ¿qué crees que vas a recibir? Seguramente abundancia no, vas a recibir lo que pones al universo: más carencias, más faltas. Todo esto se soluciona con la gratitud.

El otro día escuché que Albert Einstein decía «gracias» al menos cien veces por día. Yo estoy tratando de seguir su ejemplo, la verdad no sé si llego aún a esa cantidad, pero estoy en camino de alcanzarlo. Tenemos tantas cosas por las cuales ser agradecidas, la salud, el clima, la familia, lo que sabemos, lo que somos, nuestras capacidades, nuestras cosas materiales, la naturaleza, ¡uf!... La lista es infinita.

Cuando somos agradecidos nos montamos en una energía de abundancia, de tenerlo todo y eso es lo que atraemos. Cuánto más estés agradecida, más abundancia vas a recibir.

Hagamos este reto juntas, el de seguir el camino de Einstein, de decir «gracias» por toda la abundancia que ya tenemos, decir «gracias» a todas las personas que nos rodean, despertamos con actitud de gratitud y nos acostamos aún más agradecidas.

Además, de estos hábitos que creé para mi día a día, también relacioné con la gratitud otros hábitos que ya practico. Por ejemplo, en mi casa tengo el control remoto para abrir las persianas en automático y todas las mañanas, apenas me despierto, agarro el control remoto y aprieto el botón. Apenas aprieto el botón me tomo un minuto mientras las persianas se abren y agradezco por el lugar donde vivo, por la vista que tengo. En mi imaginación me voy al día en que vi mi casa por primera vez y evoco lo contenta que estaba, lo mucho que me gustaba y la primera emoción.

Siempre quiero conectar con esa gratitud verdadera, porque como todos los seres humanos nos acostumbramos a todo muy rápidamente, seguramente te ha pasado que quisiste tanto conseguir algo o tener algo que cuando lo lograste saltaste de felicidad y gratitud, no lo podías creer; lamentablemente con el paso del tiempo te acostumbraste a tener eso que te costó tanto alcanzar, que ya ni siquiera te entusiasma. Con el tiempo dejaste de sentir esa emoción y gratitud.

Querías ese auto nuevo que te costó tanto comprártelo, quizás tuviste que ahorrar y sacrificarte mucho, pero lo lograste, y cuando lo fuiste a buscar en la concesionaria no lo podías creer, tu corazón explotaba de alegría, felicidad y gratitud. La primera semana solo querías sentarte en tu auto y manejar, te asomabas a la ventana solo para verlo estacionado afuera de tu casa. Le tomabas fotos, estabas chocha, superfeliz.

Pasaron las semanas, los meses y los días, y ya no era tan apasionante, se había ido la emoción, la gratitud. No es culpa de nadie, todos los seres humanos estamos programados de esa manera. Quizás hasta que no leíste estas líneas ni siquiera notaste esto que te estoy diciendo.

Yo vivía así, pero ahora que sé lo importante que es la gratitud, me esfuerzo para no dar por sentado nada en mi vida, para ser agradecida por todas las cosas que tengo, inclusive y, sobre todo, por las que quizás me gustaría mejorar o cambiar.

Mi marido y yo nos mantenemos en la misma energía, constantemente nos estamos agradeciendo el uno al otro hasta por cosas pequeñas. Cada vez que cocino él me dice «gracias por la cena» o «gracias por el almuerzo», no te digo cada tanto, es absolutamente cada vez que cocino. Si salimos a cenar y él paga la cena se lo agradezco, si limpia la yerba de mi mate (si eres argentina sabes de qué estoy hablando), se lo agradezco.

En mi casa nos dividimos todas las actividades del hogar, cada uno hace su parte; así todos apreciamos lo que hacemos, nos agradecemos por todo. Esto le da una energía hermosa a nuestra relación, la llena de abundancia. Te invito a que apliques esta palabra mágica, «gracias», a todas las personas que tienen un gesto contigo, por más pequeño que sea, por mucho que sea su obligación o su deber.

Antes, por las mañanas apenas sonaba la alarma yo abría los ojos y me decía: «¡Ay, no me quiero levantar!». Y la programaba para que sonara en cinco minutos más (que terminaban siendo treinta minutos más o hasta una hora). Cambié ese hábito desempoderador por uno empoderador. Apenas suena mi alarma y abro mis ojos digo: «Gracias, Dios, por otro día más de vida». Son pequeños hábitos que transformé y que suman enormemente a mi vida. Te garantizo que si los empiezas a implementar van a cambiar tu realidad, tu presente y tu futuro.

Cómo proteger tu energía

Somos energía, por eso es tan importante protegerla y también potenciarla. Necesitamos energía para estar empoderadas, para presentarnos ante el mundo en nuestra mejor versión.

En todas las áreas de tu vida jamás vas a dar tu mayor potencial si no tienes energía. ¿Cómo vas a tener una relación pasional, intensa e increíble, si estás cansada constantemente? ¿Cómo vas a ser creativa y productiva en tu trabajo si no tienes fuerzas y te sientes sin energía?

Primero, hablemos de cómo atraer la energía a ti y de cómo aumentarla. Una de las formas más rápidas de hacerlo es con una pequeña meditación concentrada en tu respiración. Esto lo puedes hacer en cualquier momento, en cualquier lugar y a cualquier hora del día.

Pon el temporizador de tu teléfono por tres minutos. Después, cierra tus ojos y concéntrate solo en tu respiración, inhala por cuatro segundos y luego exhalar por cuatro segundos más. Esto te va a ayudar a energizarte. Yo también uso una aplicación llamada *Breathwrk* que ofrece distintos ejercicios de respiración dependiendo de lo que queramos lograr: energizarnos, relajarnos, etc.

A través de la respiración puedes obtener más energía, calmarte, dormirte, animarte. Además, recuerda que a través de la respiración eliminamos toxinas y esto es muy importante para nuestro cuerpo.

Seguramente, te ha pasado que entras a un lugar e inmediatamente sientes la energía que hay allí, pues bien, lo mismo que ocurre con los lugares, ocurre con las personas. Cuando estamos cerca de alguien podemos sentir su energía, inclusive si no conocemos a esa persona.

Somos energía y si bien no se ve ni se puede tocar, se siente. Lo curioso del caso es que las personas pueden tomar tu energía, consumirla o transmitirte la energía de ellos. El problema es que no todo el mundo tiene buena energía, si te pasa que al final del día te sientes pesada, cansada, lo mejor que puedes hacer es tomar una ducha, cuando lo hagas visualízate sacando fuera de tu cuerpo toda esa energía que te pasaron.

El agua es una herramienta poderosa para limpiar tu energía. No necesitas hacer más que imaginar que cuando el agua pasa por tu cuerpo está limpiando también tu energía. En ese momento además puedes decir unas palabras de liberación si así gustas. Esto se llama baño energético, lo puedes hacer en la ducha o en la bañera todas las veces que quieras o, por lo menos, dos veces por mes, sin embargo, es recomendable hacerlo más seguido, en lo posible todos los días, así podrás limpiar toda esa energía negativa que tu cuerpo ha absorbido y que no te pertenece. Puedes incluso prender una vela blanca y un incienso para limpiar tu espacio.

En mi caso, que estoy expuesta a cientos de personas a diario, aunque a muchas las veo de manera virtual, también me pueden pasar esas energías negativas, así que al menos dos veces al mes hago mi baño de limpieza energética, coloco en la bañera hierbas y sales, prendo mi sahumerio y palo santo, y también hago una meditación de limpieza de energía.

Otra manera simple de limpiar tu energía y desconectarte de la energía que otros te envían es imaginarte dentro de una burbuja; lo puedes hacer si sientes que estás en presencia de una persona con energía densa, envidia o algo por el estilo. Cree que esta burbuja te protege y no dejes que ninguna energía la atraviese.

Finalmente, déjame decirte algo extremadamente poderoso: no hay energía más fuerte que tú, si así lo decides. Tú y Dios siempre serán mayoría. Ámate tanto, cuídate, ve por tus sueños y deseos con tanta fuerza que nada, ni nadie te pueda derrumbar.

Lánzate al mundo con todo tu potencial siendo muy agradecida por ello y sobre todo muy feliz... ¡Eso, solo eso!, ¡sé muy feliz, mi querida! La vida es muy corta y vinimos a este mundo a ser felices, no te distraigas.

Made in the USA
Las Vegas, NV
29 June 2026

50057688R00152